乡村振兴战略背景下山东旅游扶贫研究

孙士银 著

吉林大学出版社

·长春·

图书在版编目（CIP）数据

乡村振兴战略背景下山东旅游扶贫研究/孙士银著.--长春：吉林大学出版社，2020.4
ISBN 978-7-5692-6426-5

Ⅰ.①乡… Ⅱ.①孙… Ⅲ.①不发达地区—旅游业发展—研究—山东 Ⅳ.①F592.752

中国版本图书馆CIP数据核字(2020)第069301号

书　　名：乡村振兴战略背景下山东旅游扶贫研究
XIANGCUN ZHENXING ZHANLÜE BEIJING XIA SHANDONG LÜYOU FUPIN YANJIU

作　　者	孙士银　著
策划编辑	米司琪
责任编辑	柳　燕
责任校对	王　蕾
装帧设计	王海飞
出版发行	吉林大学出版社
社　　址	长春市人民大街4059号
邮政编码	130021
发行电话	0431-89580028/29/21
网　　址	http://www.jlup.com.cn
电子邮箱	jdcbs@jlu.edu.cn
印　　刷	长春市昌信电脑图文制作有限公司
开　　本	787mm×1092mm　1/16
印　　张	10.25
字　　数	180千字
版　　次	2020年4月　第1版
印　　次	2022年8月　第2次
书　　号	ISBN 978-7-5692-6426-5
定　　价	42.00元

版权所有　翻印必究

前　言

当前，乡村旅游已成为乡村振兴战略的一部分，通过推动乡村旅游在全国的快速发展，以刺激农村经济增长，逐步实现富裕的小康生活。乡村旅游是以农业生产、乡村景观、农村生活为中心的旅游模式，目的是满足旅游者在乡村旅游、度假休闲等方面的需求，我国广阔的农村土地、丰富灿烂的乡土文明和多姿多彩的乡居风情为乡村旅游的发展提供了优越的基础条件。

乡村旅游也是扶贫的重要手段，是新时期我国扶贫开发的重点，山东旅游扶贫是我国组织发展乡村旅游的重要观察点，山东省旅游业的扶贫工作基本上从全区的初步开发、标准规范提升、项目推广、旅游开展阶段向资源整合为主的扶贫阶段转变。加强园林、旅游等领域的促进机制，促进社会繁荣，共同推进扶贫开发的新阶段，其特点是旅游开发主体多元化，旅游扶贫目标体系化，确定旅游业发展的目标对象，实现扶贫手段的多样化。

本书以"乡村振兴战略背景下山东旅游扶贫研究"为题，在内容编排上共设置五章，第一、第二、第三章重点论述乡村振兴发展与旅游扶贫、新时期乡村旅游扶贫的实施策略、乡村振兴背景下山东特色旅游文化；第四、第五章对乡村振兴战略背景下山东旅游扶贫实践进行深入探究。

本书撰写遵循理论联系实际的基本原则，具有以下特点：

（1）可读性。本书力求用通俗的语言对乡村产业发展的潜力与政策支持、举措进行阐述，引申出乡村重点领域改革、特色乡村产业融合发展格局等内容。并有针对性地论述乡村扶贫对象及旅游扶贫的参与机制、利益机制、协调机制。

（2）实践性。本书在阐述理论的基础上，注重突出实践。以新时期乡村旅游扶贫和山东特色旅游文化为切入，重点探讨全域旅游视角下费县旅游发展路径、山东农村社区乡村旅游的精准扶贫路径、山东济宁精准扶贫策略实施。

笔者在撰写本书的过程中，得到了许多专家学者的帮助和指导，在此表示诚挚的谢意。由于笔者水平有限，书中所涉及的内容难免有疏漏之处，希望各位读者多提宝贵意见，以便进一步修改，使之更加完善。

作　者

2020 年 2 月

目 录

第一章 乡村振兴发展与旅游扶贫 ... 1
- 第一节 乡村产业振兴发展 ... 1
- 第二节 乡村旅游扶贫对象与特征 ... 7
- 第三节 乡村旅游扶贫的理论支持 ... 10
- 第四节 乡村旅游扶贫机制 ... 14

第二章 新时期乡村旅游扶贫的实施策略 ... 30
- 第一节 社区参与乡村旅游扶贫 ... 30
- 第二节 新时期下乡村旅游扶贫 ... 45
- 第三节 乡村旅游扶贫的路径 ... 58

第三章 乡村振兴战略背景下山东特色旅游文化 ... 68
- 第一节 山东节庆特色文化 ... 68
- 第二节 山东饮食与服饰特色文化 ... 71
- 第三节 山东交通与生产特色文化 ... 97
- 第四节 乡村振兴背景下山东乡村旅游提质增效路径与措施 ... 108

第四章 乡村振兴战略背景下山东旅游扶贫实践探究（一） ... 115
- 第一节 全域旅游视角下山东费县旅游业发展 ... 115
- 第二节 山东聊城市旅游扶贫开发模式 ... 124
- 第三节 山东寿光市旅游资源非优区旅游扶贫模式 ... 127
- 第四节 山东农村社区乡村旅游的精准扶贫路径 ... 133

第五章 乡村振兴战略背景下山东旅游扶贫实践探究（二）..........137

第一节 山东枣庄旅游精准扶贫路径..........137
第二节 山东烟台旅游创新发展..........143
第三节 山东济宁精准扶贫策略实施的研究..........149
第四节 山东泰安旅游扶贫创新模式研究..........151

参考文献..........155

第一章 乡村振兴发展与旅游扶贫

就当前扶贫实践中摸索出的扶贫途径而言，乡村旅游扶贫是其中较为成功的典范。本章重点探讨乡村产业振兴发展、乡村旅游扶贫对象与特征、乡村旅游扶贫的理论支持以及乡村旅游扶贫机制。

第一节 乡村产业振兴发展

一、乡村产业振兴发展潜力与重点

（一）乡村产业振兴发展潜力

国内乡村产业发展经历了几个重要时期：先是以计划经济为主的时期，进而发展到社队企业时期，然后再到 20 世纪 80 年代的乡镇企业发展为主要潮流的时期，最后 20 世纪 90 年代的农业产业化经营模式时期。这几个乡村产业发展阶段的重要作用都是不可取代的，它们是国民经济发展和社会进步的里程碑。

乡村产业振兴虽然获得了较大的成就，但是问题和挑战也是如影随形，尽管各种问题在表现上有所不同，究其本质来看都是体制机制矛盾所造成的，而体制机制矛盾又可以分为两种：一种外部矛盾，主要由不平等的资源要素交换因素、农业农村发展机会的平等性难以保障因素以及工农城乡发展具有不平衡性因素等组成；另一种是内部矛盾，包括农村产权制度不够完善、资源优势得不到充分体现、形成集聚效应难度大、经营机制不够灵活等。

城乡一体化进入新时期，在各种强农惠农政策的大力扶持下，农村的各种公共服务和基础设施得到极大完善，在很大程度上促进了大众消费需求的提高，为乡村产业发展带来了新的机遇。充足的农产品供应不但有利于巩固农业基础性地位，使得农业劳动生产率以年均 10% 的速度增长，更有助于农业生产性服务业产值不同程度的增长，促进传统农业的转型和新产业的产生和发展，有利于激发农业农村经济发展活力，完善乡村产业的内外部环境，实现农业农村现代化发展趋势。

乡村产业的发展空间非常巨大，它可以促进农村经济社会发展和深刻变革，为振兴和发展我国独特的农村产业做出贡献。乡村产业发展符合实现小康社会的发展目标，充分反映国家的基本国情和基本农情，保障重要农产品的供给，实现农村振兴发展，有利于农村经济优势的发挥，在提高农民生活水平和保障农产品供给上做出了重要贡献，实现了现代农业产业发展体系的形成。与城市产业互补、结构优化、合作发展的优势有利于我国农村产业新发展模式的形成和快速发展。

（二）乡村产业振兴的重点

乡村产业振兴任重而道远，受各种产业功能影响，其定位有所不同，这就需要准确掌握发展的方向和目标，重点完成以下几项重要任务。

（1）保障农产品有效供给。农村产业发展的首要任务是保障国家粮食安全和基本农产品供应，保障国家粮食安全就要先巩固和提升大宗农产品的生产能力。调整和优化农业结构，实现提质导向的重要目标，发挥农村资源的优势；对农产品加工业、休闲农业、劳动密集型加工制造业、生产性和生活性服务业以及乡村旅游等项目进行大力开发，从质量和效率上提高农业供应体系，满足居民的生态文化需求和绿色优质物质产品需求。

（2）保持生态涵养。始终贯彻绿色发展观念，倡导绿色生产生活方式养成，对山水田林进行统筹治理。在生态环境保护中突出政府和市场的主体作用，对重点产业和重点领域进行监管和控制，对产业内部可能出现的重点环节的环境风险进行强化管理，采用现代化的环保技术设备，加强环境治理。将乡村生态的优势予以充分体现，加快乡村绿色生态环保产业的发展和扩大，将乡村资源回收利用和污染治理落到实处，让乡村资源发挥出最大价值。

（3）带动农民就业增收。立足于人民为中心的基础，产业发展的最终目的是提升农民收入，从而缩短乡镇贫富距离，促进乡村的全面富裕和发展。

（4）促进城乡融合发展。从城乡资源禀赋优势的不同点出发，对城乡各种生产要素实现高度的整合，注意协调配合和错位布局各种产业，加速城乡的融合发展速度。首先，整合调整城乡产业的优势和不足之处，在农村产业里完成原材料生产以及初加工等程序，而有关产品设计、终端销售以及配送等环节可以在城市产业中完成，这样有利于激发城乡资源的优势和价值，促进城乡产业的共同发展和共同盈利；其次，可以将有关的资金、技术、管理、信息以及人才等城市先机生产要素引流到乡村企业,这对农村产业发展能力的提升有着非常重要的意义,有利于农村产业的深度和广度发展,进一步缩小城乡差距。①

二、乡村产业振兴发展的政策支持及举措

在乡村产业振兴过程中,政府和市场两个主体的作用予以最大化是非常有必要的。从政府作用来看,先要规划乡村产业振兴计划,编制重点发展的基础产业目标,予以政策上的扶持,加强产业效率评估体系的健全和改进。市场的主要作用是改进甚至消除影响资源要素自由流动、平等交换的机制,从而充分发挥市场活力、主体活力以及要素活力。

(一)乡村产业振兴发展的政策支持

1. 公共服务供给一体化

一方面,要全面落实城乡一体化政策,保障农村的基础设施建设,完善农村供水、天然气等基础设施。另一方面,优先保障农业农村的财政支出,确保农业农村的中央预算充足,优化乡村产业的投入结构,提高产业产出效能;将提高主要粮食作物保险保费补贴力度作为各级财政的主要任务,确保地区特色农产品保险补贴政策的落实和优化。增加农村产业的融资能力,从政策上保障农村金融机构对农业农村发展的考核制度更加合理化和科学化,将农业信贷担保体系覆盖到农村的各个产业,对涉农贷款给予重点关注,对抵押物处置机制和抵押物担保机制进行改革和完善,扩大涉农贷款规模,尽最大可能满足农村农业发展的资金需求。在农业产业中吸收城市的技术、资金和人才等优势,加大农村吸引外部优秀要素的魅力。

2. 深化农村重点领域改革

改革和创新农村产业振兴的政策制度,加强农村资源要素的配置,具体可以从以下几个方面入手:

首先,要将农村的土地改革制度落到实处,不能局限于土地承包的基本完成,更要将成果应用提上日程,对农村有关的土地制度进行完善和健全,为经营主体的不同发展需求打好基础。农村"三块地"改革也要加快速度,为建设用地提供保障,将农村新产业、新业态的发展纳入年度新增建设用地规划中,完善和落实农民闲置宅基地和闲置农房政策,实现"三权"(宅基地的所有权、使用权和资

---

① 罗文斌,孟贝,唐沛,等. 土地整理、旅游发展与农户生计的影响机理研究:一个乡村旅游发展的实证检验[J]. 旅游学刊, 2019, 34 (11): 96-106.

格权）分置。还可以将入股、联营等方法作为村庄整治、宅基地整理的手段，大力促进农村休闲旅游产业的发展。

其次，进一步深化农村集体产权制度改革，在集体经济组织中进行资产清算核算工作以及股权量化工作，将农村集体经济的发展和壮大作为工作重点，实现农民向股东转变、资金向股金转变、自然人农业向法人农业转变等，促进农村集体经济组织的发展和壮大。对农村管理体制实现深入的改革，将农村基层党建工作责任制度进行层次落实，充分体现出县级党委一线指挥的积极意义，从而推动农村生活、生产水平的整体提高。

最后，深化和落实农村社区建设试点工作，建立多元的农村社区治理结构：加强农村精神文明建设，提高农民和农村社会的整体文明程度，促进农村工业综合治理和农村农业投入的全面发展，形成国内外资源开发市场两种开发格局模式。

3.打造特色乡村产业融合发展格局

特色乡村产业融合发展过程需要特别注意以下几个方面：

首先，加快特色乡村产业的壮大和发展，充分利用区域特色和优势，将主导产品的特色和高附加值优势充分体现出来，形成地方特色的区域公用品牌；在现代农业产业园的建设过程中，突出潜力大、有良好前景以及有特色的基础产业优势和价值，促进农村产业的现代化建设程度，不断完善第二、第三产业增值收益机制。

其次，加大力度发展新产业和新业态，重点开发和利用农村有关产业（如乡村旅游、森林康养、乡村休闲等项目），为农业产业、旅游产业、文化产业和康养产业等深入融合创造条件。

再次，可以在农村产业中引入现代化的电商行业，借助互联网技术的优势推广农产品，寻求更为广阔的销售渠道；重点支持农业产业平台建设和农村电力服务中心建设，加快电力企业产业园区建设，加快食品加工业集群建设，增加农村电力供应，推动传统食品加工的规模化和产业化。

最后，完善和改进小农户发展政策和机制，加强农业保险力度，将"保险加期货"的方式在农业产业中推广开来；还可以采用股份合作和订单农业等方式，加强农户和新型经营主体之间的联合度，从而确保小农户可以享受到政策的扶持，在产业链和价值链中获得一定的利益保障。①

---

① 黄快林.乡村振兴与旅游文化[M].长春：东北师范大学出版社，2018.

（二）乡村产业振兴发展的举措

1. 优化涉农企业家成长环境

为涉农企业家的发展创造良好的外部条件和环境，使其在农业农村延伸的产业链、供应链和价值链中发挥重要作用。乡村产业振兴发展的加强离不开涉农企业家的贡献和价值体现。在农村产业中，加快现代化水平发展，使其形成更加高效的产业体系、生产体系和经营体系，为农村第一、第二、第三产业的融合发展创造条件，让农业创新力、竞争力和全要素生产率的优势和价值得以充分发挥。在绿色兴农、品牌兴农、服务兴农以及质量兴农的发展中，涉农企业家起着非常关键的积极意义，涉农企业家能够更好地延伸农业产业链，为农业价值链和供应链的完善提供便利条件。此外，新型农业经营主体、新型农业服务主体在多种形式的农业适度规模经营发展中有着非常重要的作用。

在农业农村产业多元化和综合化发展以及现代农业发展过程中，涉农企业家的作用不可忽视；涉农企业家的出现为农业农村产业的发展理念、组织方式和业态模式带来新的发展机遇，拓展农业农村产业的市场空间和发展空间，加大对人才资源的合理利用。

在乡村产业振兴中，充分发挥涉农企业家的带头作用和引导作用，为其成长创造必要的条件和环境，降低产业准入门槛和风险。促进农业支持政策转向的发展，推动实施农业转向发展政策，加强对新型农业经营者和新型农业服务提供者的政策支持和帮助，使新型农业经营主体的创新力、竞争力等优势得到体现，从而带动小农户进行现代化农业发展。加快农村第一、第二、第三产业融合，特别关注和引导家庭农场、农民合作社等新农合企业的发展，对农业综合企业、农业龙头企业和规模化专业农民给予一定的帮助和引导。这有利于集成农村要素，开拓农业发展市场，加强资源整合，为乡村产业振兴提供发展空间。

2. 推进农业农村经济多元化发展

促进农业农村经济向着综合化和多元化方向发展，加快农村第一、第二、第三产业的融合发展，发挥出农业农村经济的专业化和特色化优势，并积极引进城市企业和资本的投入，充分利用城市企业的带动作用。

从乡村振兴和区域经济高质量发展的层面来说，城市企业应该具备一定的乡村亲和性和农业融合特征，才能发挥下乡带动作用，为农业延伸产业链的构建提供较大帮助，为供应链和价值链的打造创造条件。除此以外，具备较好农村发展适应性和竞争优势的企业也能很好地起到帮带作用,有利于城乡之间的分工协作和错位发展,如农特产品加工业、乡土工艺品产销、休闲娱乐产业、乡村健康养生和乡村旅游业等很多农村产业就是充分利用城乡错位发展优势。但是,发展农村产业要充分考察和研究地区的人口特征、区位条件、发展状况、发展阶段和资源禀赋等现实情况,这样才能使得农村产业发展符合当地市场发展需求。

特别要提出的是,农业农村产业的多元化和综合化发展以及农业产业专业化和特色化发展在一定程度上具有相通性。然而,多样化发展和综合化发展是在宏观层面上进行的,而特色化发展和专业化发展主要是在微观层面上进行的。从二者的关系中可以看出,微观层面的专业化和特色化发展是宏观层面的多元化和综合化发展的基础和前提。因此,不管是从宏观层面来说还是从微观层面来说,农村农业的多样化发展和综合化发展、特色化发展和专业化发展是非常重要的。在宏观经济和微观经济层面上,农村和城市之间建立了一种基于分工和伙伴关系的新型发展模式。

2018年的中央一号文件将乡村特色产业(如科技、旅游、文化和生态)作为农村工作的重点,致力于传统工艺的振兴和发展,鼓励手工作坊、乡村车间、家庭工场等多种形式的农村产业发展。将农村产业建立在科技、旅游、生态发展等基础上,可以推动农村经济的综合化和多元化发展新格局的出现,形成自己的竞争优势,真正实现增加农民收入的目的。除此以外,乡村产业的发展既有利于农业农村经济的综合化、多元化发展,又有利于为城市带动乡村经济创造条件,将城市产业的优势资源和人才吸纳到农村产业中来,为乡村关联产业的发展创造积极的氛围。

国内各个区域的乡村资源优势各有不同,发展现状和发展前景也各有不同。加上信息化、城镇化、农业现代化以及工业化的不断加剧,为乡村发展趋势带来了不同程度的影响。所以乡村产业振兴计划更需要基于现实情况考虑,制定更加有针对性的政策、方针来引导农村产业振兴。①

3. 支撑乡村产业振兴的载体和平台建设

反过来,乡村产业振兴得益于加强有利于乡村产业振兴的平台和手段。目前,我国农村农业政策的重点是构建产业化发展的手段和平台。比如,加强对农业科技园区、电商产业园、特色小镇、田园综合体、示范推广基地以及返乡创业园等

---

① 郭志敏.扶贫背景下乡村旅游产业链优化发展的对策研究[J].农业经济,2019(10):50–51.

多种农村产业发展平台的建设;从政策和资金上对现代农业科技创新中心、新型农业服务主体、新型农业经营主体的发展给予大量支持;完善和强化各种涉农企业平台;建立和完善全面跟踪互联的追溯监控服务平台。

在产业发展的平台或载体建设中,高度重视乡村产业振兴的重要环节和重要领域,对各种资源高度整合和集成,激发市场活力,采取组团式的产业链开发和发展形式,加强农村产业发展的现代化和计算机化,改善和完善各产业之间的资源、要素和市场。提高农村产业振兴变革的效率和质量,有利于农业农村产业发展的多元化和综合化,为乡村产业振兴和乡村振兴发展的高质量和高效率化提供保障。强化试点试验和示范窗口的建设,有利于推进农村产业改革,实现城乡之间和区域之间的联动协同发展机制的制定和发展。①

4. 推进供给侧结构性改革

在主要供给侧结构性改革的基础上,建设和推进农村产业体系、生产体系和经营体系,为供给侧结构性的改革提供方便有利的条件,从本质来说就是解决供给侧的结构问题,从而为供给体系的效率、质量和竞争力的提升提供一定的保障;提高供应体系的效率和灵活性,以适应不断变化的需求体系和需求结构。

公共产品供给和公共服务供给是有效供给的两个重要方面,而乡村产业振兴是以现代农业和农村经济发展的多元化和综合化为基础和前提。

提升农业发展质量,发展乡村发展新动能成为了2018年中央一号文件的重要思想指导之一,这也将主线农业供给侧结构性改革作为一项国家政策进行高度重视,从而为现代农业产业体系、生产体系和经营体系的构建和发展创造有利环境,提升农业的竞争力和创新力,加快中国向农业强国转变的步伐。②

第二节 乡村旅游扶贫对象与特征

一、乡村旅游扶贫对象

在不同时期所规定的国家重点扶持的贫困县标准、区域性整体贫困片区以及居民的贫困标准,是确定旅游扶贫对象的依据。据此建档立卡,并根据实际情况

---

① 杨桂华,冯艳滨.乡村旅游精准扶贫要"管好"入驻企业[J].人民论坛,2019(23):72-73.
② 刘汉成.乡村振兴战略的理论与实践[M].北京:中国经济出版社.2019.

随时进行调整，确保扶贫对象的精准性。分析扶贫对象分布及贫困原因，才能有的放矢地开展乡村旅游扶贫工作。

（一）扶贫对象分布

扶贫标准被称为贫困标准，因为扶贫工作旨在为扶助贫困地区或贫困户发展地区经济，改变穷困面貌。因此，减贫标准是以贫困标准为基础的，贫困标准是指在一定的时间、空间和社会发展阶段，人民基本生存所需的最低商品和服务成本，这是扶贫方针的主要基准。随着贫困概念认识加深，之后的扶贫工作也将低收入标准作为扶贫标准之一，与绝对贫困线合二为一。不同时期，不同年份，贫困县、贫困人口的标准不尽相同。因此，我国政府划定的扶贫对象具有动态性。可以说，扶贫对象也是"与时俱进"的。

我国区域发展很不平衡，贫困人口大多分布在20多个省（区、市），其中贵州、云南、四川、湖南、广西壮族自治区、河南是贫困居民最多的省（区）。我国《中国农村扶贫开发纲要（2011—2020年）》部署了14个特殊地区：六盘山区、秦巴山区、武陵山区、乌蒙山区、滇桂黔石漠化区、滇西边境山区、大兴安岭南麓山区、燕山—太行山区、吕梁山区、大别山区、罗霄山区、西藏区、四川省藏区和新疆南疆三地州。

（二）扶贫对象的贫困因素

贫困地区、贫困人口致贫原因较为复杂，包括自然、经济、社会、文化等，常常是多种因素相互交织、相互作用。大体可以总结为以下几种因素：

（1）自然因素。自然因素是农村贫困发生的第一因子。很多贫困人口长期生活在地理和气候条件恶劣、基本公共服务薄弱、道路交通闭塞、居民住宅相对分散、人均耕地少、土壤贫瘠的地区，经常遭受旱、涝、洪、冰、风等自然灾害的威胁。集中连片特困地区的生态环境脆弱，但是，它还负责保护国家的生物多样性和生态屏障，被划分为限制和禁止国家领土功能发展区。这种自然生活条件严重阻碍和限制了贫困人口的发展，如江西省井冈山市茅坪乡神山村、大别山片区扶贫攻坚重点县金寨县花石乡大湾村等。

（2）经济因素。上层次的发展建设由经济基础决定，社会意识则是由社会存在的产生决定的。贫困地区经济落后，基础设施薄弱，缺乏致富方法，生产方式陈旧，生产效益低下，处于被动地位。贫困人口自身资本积累不足，基本没有资金投入农业生产活动。从银行信贷资金看，特困地区获取信贷资金的难度比一般农村地区更大。

（3）社会文化因素。社会文化因素主要体现为以下四个方面：

第一，文化方面。贫困文化是一种适应环境、具有深厚遗传性的文化，表现在风俗习惯和态度方面。如安土重迁、重农轻商、市场意识落后等。

第二，老龄化方面。贫困人口中，老年人占的比例较大。老年人高龄化、失能化、空巢化而导致贫困的问题日益凸显。老年人的贫困和养老问题客观上促成了贫困的产生。

第三，人口文化素质方面。人力资本是扶贫开发的核心，全民教育是增加人力资本的有效手段。总的来说，特别困难地区的人口没有得到充分培训导致农村劳动力文化程度普遍偏低，义务教育和农村劳动力培训工作亟待加强。

第四，病、灾、偶发事故。相关研究发现，因病、灾、偶发事故致贫的扶贫对象很多。

二、乡村旅游扶贫基本特性

旅游扶贫具有包容性和交融性。旅游业和扶贫是相辅相成的。旅游业能够为中国的扶贫事业做出重大贡献。扶贫事业的推进拓展了旅游业发展空间，优化了旅游业发展环境，是新时期旅游业发展的新动力、新机遇。

（1）全局性。乡村旅游扶贫是一个整体的、系统的工程，各级党委政府及有关职能部门通力合作才能收到事半功倍的效果。仅仅依靠旅游部门是很难奏效的。目前，文化和旅游部正计划开展全国建档立卡，贫困村旅游资源全国备案调查和旅游扶贫调查，建立贫困村数据库，统计可以发展乡村旅游的贫困村名单，对乡村旅游扶贫项目制定一定的目标，确保扶贫目标准确，到2020年全国的贫困对象以及贫困人口全部脱贫。

（2）精准度。贫困地区发展乡村旅游的主要目标是扶贫。这种旅游业的发展在一定程度上不同于一般旅游业的发展。因此，旅游业"扶贫"不应偏离"扶贫"主流观念。旅游业发展只有做到"精益求精"，才能达到脱贫致富的目标。

为发展农村贫困旅游，有必要从政策环境、旅游资源和分销体系等角度找出相应的方法和途径，发现农村旅游供应商的现状和不足，制定对应的营销模式和相关服务，采取适当措施。通过制定有针对性的适合当地条件和人民的旅游发展管理的特别方案、精确方案和精确路径。

（3）针对性。旅游扶贫是一种具体的、有针对性的扶贫方式：一是旅游业立足于贫困地区的实际，利用当地旅游资源，每年四个季度开展旅游扶贫，通过发展当地旅游业，促进其他相关产业的发展，实现贫困地区脱贫致富。二是针对扶贫对象的实际情况，有针对性地将扶贫对象拉到发展旅游脱贫致富的道路上来。①

第三节　乡村旅游扶贫的理论支持

在长期的扶贫工作中，我国找到了多种行之有效的扶贫方式。旅游扶贫具有较强的针对性和有效性。随着我国经济社会的发展，在需求方面，旅游市场的规模不断扩大，旅游成为不少家庭的生活常态。在供给方面，许多贫困地区的农村，虽然经济落后，但却保有良好的自然生态环境和独特的文化环境。因此，乡村旅游已成为国家扶贫战略中值得期待的一股重要力量，由此出现了扶贫旅游业的概念。

旅游扶贫是通过建立旅游经济实体，发挥旅游资源独特性，促进贫困地区的发展，将旅游业作为区域经济支柱，使贫困地区的居民和地方财政共同脱离贫困，走向富裕。

乡村旅游扶贫的概念。世界经济合作与发展委员会认为，乡村旅游就是依托原生态的乡村环境、原汁原味的乡村文化而进行的旅游活动，乡村中的乡情、乡风、乡味是乡村旅游吸引旅游者的关键所在。乡村旅游扶贫以自然资源、人文景观和良好的农村地理特征为基础，以贫困村为重点，以家庭或合作社为重点，以发展乡村旅游为基础，实施扶贫开发扶贫政策，投入项目资金，调整贫困地区或农村经济结构，发展基层旅游业，扶贫开发模式使贫困地区和贫困群体脱贫致富。

所以，乡村旅游是旅游扶贫的重要途径，是指在扶贫工作中，一地或一村以发展乡村旅游的形式实行旅游扶贫，促进该地区或村庄的经济、社会和文化繁荣。

一、旅游系统理论

根据系统论的说法，系统由一组相互依存、作用、变化的客观要素和事物组成，具有特定的目标和功能。其包括物质、信息、能量、人员和资本的流动。所

---

① 梁留科. 乡村旅游扶贫理论与实践 [M]. 北京：科学出版社，2018.

有单元的有机整合使整个系统有一个共同的目标,但总的来说,这个目标并不等于所有部分的总和。这一系统理论广泛存在于人类社会生活的各个方面。旅游系统主要涉及三个要素:旅游资源、旅游者和旅游媒介(称为旅游通道),它是由各种参与并互相依靠的因素形成的一个较为开放的有机体。

旅游系统理论通过以下途径促进农村贫困旅游的发展:

(1) 旅游系统理论可以为乡村旅游扶贫规划和实施提供理论指导。旅游系统理论界定了旅游产品、服务、信息、交通的地位和作用,也阐述了各方面环境的作用。因此,在制定扶贫框架时,应考虑到各节点在扶贫中的地位和作用,以及旅游系统在乡村旅游发展和扶贫中的作用。

(2) 旅游系统理论有助于协调农村贫困地区旅游的发展。旅游系统理论指导农村扶贫旅游协调发展,加强系统各组成部分之间的联系,确保政府、旅游企业、旅游者和社会行为的有效协同和联系,旅游目的地居民和交通运输等社会行为也要考虑旅游业在旅游扶贫中的作用和重要性。当地高效、有序、低成本的经营可以最大限度地发挥旅游业在扶贫中的催化作用,通过发展旅游业实现社会经济发展和减少贫困。

二、旅游产业链理论

产业链理论从全产业链的角度出发,不局限于产业链的某一环节考虑问题。在一些地方,旅游扶贫效果不明显,主要原因在于单纯的就旅游而发展旅游,没有注重从旅游产业链的视野规划和开展工作。要实现扶贫旅游发展目标,不仅要增强扶贫旅游产业链的价值创造能力,还要做好价值链的价值分配。因此,有必要充分地认识产业链理论及在乡村旅游扶贫中的作用。

(一)旅游产业链概念与特征

产业链起源于产业经济,是以产业各部门或环节之间的因果关系以及逻辑关系和具体的时空分布为基础的一种链式网络形式,包括企业链、供需链、价值链和空间链四个维度。

考虑到产业链的基本特征和旅游业的综合特征,旅游产业链可以定义为一系列以满足旅游者需求为共同目标,以旅游目标(旅游区或景区)为基础的企业或组织进行的营销,或者支持旅游业发展的设计和生产。

与一般产业链不同,旅游产业链具有以下特点:

（1）一般产业链是指"物流"，而旅游产业链则是研究"人流"，即一系列由人流引起的经济关系和现象，以满足旅游者的需求为目标。

（2）旅游产业链比一般的制造业复杂，其复杂性表现在四个方面：第一，旅游产业链提供多种来源的旅游产品。第二，旅游产业链供应商分布多个行业，每个行业都有自己的特点。公司治理特征不同，旅游产品质量难以控制。第三，旅游产业链中的企业之间、中心地位的企业与供应商之间具有复杂的关系。第四，在旅游产业链中，代理关系烦琐且复杂，旅游者的旅游活动需要层层代理才能够完成。

（3）资源整合、强强合作、整体运作是旅游生产链管理的核心概念。不同于传统的"上下游"结构，旅游生产链管理是一种实用的并行结构概念。有的学者觉得旅游产业链结构是一种"网络"形式结构。旅游企业不仅要在活动中提供特色服务，增强核心竞争力，还要通过与周边大型企业建立强有力的合作伙伴关系，整合国内外资源，提高企业在产业链中的整体效益。

（二）产业链理论的应用

充分理解和运用好产业链理论，能够更好地发挥旅游产业各个部门在贫困地区旅游扶贫的作用和功能。旅游产业链与乡村旅游扶贫发展之间具有天然的联系。

在乡村旅游扶贫实践中，邮政、通信、金融、交通、住宿、餐饮、景区、文化娱乐、购物等相关行业和单位构成了一个地区完整的产业链条。这些链条中的每一个节点均可以为目的地的贫困居民提供相应的工作岗位或工作机会，进而提高他们的旅游收入，实现旅游扶贫的目的。乡村旅游的发展需要从事宾馆、餐饮、交通、贸易等服务的服务人员，这为劳动力向贫困地区转移、农民增收创造了必要条件。城乡之间的技术和知识不仅使城镇居民了解和体验农业，也使农民转变观念，提高城乡互动质量，带动乡村的文化、社会、经济协调发展。

三、旅游乘数理论

乘数主要是指一个经济活动变量与其他经济变量之间的关系，以及由此产生的经济总量比率。乘数理论表明，在经济活动范围内，经济规模的变化可能导致其他经济活动的变化。从经济体的规模来看，整个经济体的最终变化是原来变化的几倍，这种现象被描述为乘数效应。正是社会经济的各个行业之间的相互关联、相互促动，才有乘数效应的产生。

（一）旅游乘数的类型

根据具体的旅游经济状况修正和发展旅游乘数效应，后来将其发展成旅游乘数理论。旅游乘数理论是旅游经济增长或就业增长的倍数，受旅游收入和消费、旅游投资的影响——旅游乘数是用经济乘数的概念来衡量和解释影响旅游经济增长因素的重要方法。作为一个高度整合的产业，旅游业的乘数效应更为显著。

从乘数来源看，旅游乘数包括五种：旅游收入乘数、旅游产出乘数、旅游就业乘数、旅游投资乘数和旅游进口乘数。

（1）旅游收入乘数：旅游收入乘数是指单位旅游收入增长与其他产品总收入相应增长的关系，它反映了旅游业发展对地区的影响，也反映了旅游业收入在全区营业总收入中所占的重要地位。

（2）旅游产出乘数：旅游生产乘数大体上是指旅游目的地国家或地区，单位旅游消费增长与旅游收入总体增长对国家或地区的直接和间接影响，是单位旅游消费概念对整个旅游生产过程中产生的影响。

（3）旅游就业乘数：旅游就业乘数是指旅游收支增长引起的社会就业变化。旅游就业乘数在表达时有两种方式：一是旅游就业产生的总效应，即旅游业总收入或消费与旅游业总就业（直接和间接）之间的比例关系，反映了一段时期内旅游收入或消费对社会就业的影响；二是旅游就业的效应，即直接就业、间接就业和直接就业的综合效应是数量与价值的关系，反映了旅游就业对相关社会就业的影响及催化作用。旅游就业的两个乘数可以用来分析旅游业对社会就业的影响。

（4）旅游投资乘数：旅游投资乘数是指旅游收入增长与旅游投资变化之间的关系，即旅游增长的乘数效应和单位投资对旅游总产值的影响，也可以与GDP和旅游总产值的比值相比较，前者是旅游业新的直接和间接投资的总价值，后者是旅游收入或附加值的增加，反映旅游投资的总体贡献、作用和影响。

（5）旅游进口乘数：旅游进口乘数是指目的地国进口总额增长与每增加一个旅游收入单位之间的比率。这一乘数反映了目的地国旅游经济活动的演变，是旅游业和旅游企业以及向这些部门和企业提供产品和服务的其他有关实体产生经济增加量与旅游收入的增加量的关系。

（二）旅游乘数的应用

旅游扶贫的主要目标是"脱贫"，消除贫困地区居民的贫困。旅游乘数是旅游扶贫的理论依据。贫困地区通过因地制宜地发展观光、体验型旅游业吸引外来投资，吸引收入较高地区的游客前来休闲和度假，从而带动贫困地区的旅游产业发展。外来资本的投入，必将使得管理、技术、服务等产业要素向贫困地区转移。在五大乘数类型中，旅游产出乘数、就业乘数和投资乘数效应对旅游扶贫工作的贡献较为明显。因此，旅游扶贫应注重对这三大效应的运用。为了体现乡村旅游发展对贫困地区的扶贫作用，要充分利用旅游业在乡村旅游发展中的乘数效应，特别是乡村旅游景观的规划、乡村旅游产品的丰富和乡村旅游链的建立等方面，住房、流动性、旅游、采购、娱乐甚至信息等因素都能产生旅游的生产效果，实现旅游的产出效应。

好的规划和旅游项目，再加上政府的招商引资作为辅助，一定会吸引更多的资金投入乡村旅游项目中来。乡村旅游项目的建设必然会带动当地基础设施建设行业、金融行业、物流行业、酒店餐饮业、交通运输业等相关产业的发展，充分发挥旅游的投资乘数效应，产生收入乘数和产出乘数效应，2018年中央一号文件还提出了"提高农业发展质量、转变农村发展新动力"的重要决策内容。更加强调"加快现代农业产业体系改革、生产体系和农业体系建设，增强农业创新的竞争力、生产力及综合要素，推进农业供给结构改革，加快农业大国向农业强国转变"。

第四节 乡村旅游扶贫机制

旅游扶贫工作具有系统性和复杂性，必要的旅游扶贫机制保障可以产生积极作用。乡村旅游扶贫作为旅游扶贫的有效途径，扶贫实践需要针对乡村实际，从乡村发展情况出发，构建综合、合理、适宜的乡村旅游扶贫机制。

一、乡村旅游扶贫的参与机制

发展乡村旅游项目是为了带领乡村贫困人口抓住发展机遇，脱贫致富。因此，在乡村旅游扶贫工作中最关键的因素是要积极引导村民的自主参与，如此才能确保完成精准贫富目标。村民参与旅游贫富项目需要从经营机制、乡村文化和生态保护机制、教育培训机制以及决策机制等各个方面给予保障。

（一）乡村旅游参与决策机制

现在，国内大部分地区采用精英主导的方式来进行乡村旅游的开发和发展，也就是说，充分发挥地方政府、旅游企业和专家的主导作用，为乡村旅游基础设施和景点开发保驾护航。在一些景区依托型的乡村旅游目的地，当地村民仅仅从事一些较为初级的旅游接待服务。其实当地村民不应该满足于此，而应该在乡村旅游开发中发挥自身的主导作用，更多承担起旅游发展的责任。

相对于外来的旅游企业、旅游专家而言，村民对乡村的社会、文化、环境、资源状况等有着更深入地了解和认识。既能为旅游规划和开发提供有关民间文化、风俗习惯、气候气象、地质水文等方面的情况，又能提供旅游资源种类和分布的信息。在进行乡村旅游规划、开发的时候，应当积极召开当地村民座谈会，从村民处获得乡村旅游发展的有关信息及意见。在进行旅游相关决策时，遵循"听取民意""吸取民智""实行民决"的原则，平衡旅游目的地政府部门利益、旅游企业利益及村民利益，协调好各部门之间的关系。通过强调村民在旅游决策中的地位，鼓励村民积极参与规划、决策，调动村民的主人翁意识，实现脱贫致富和共同富裕的目标。

（二）乡村旅游参与经营机制

参与式扶贫经过了国际扶贫实践，被认为是能产生实际效果的一种重要方法。而效率优先，兼顾公平的原则也是乡村旅游发展工作中必须遵循的首要原则，从而建立合理的旅游经营管理机制。在旅游产业发展、旅游企业设立时，就应合理确定国有、集体与私营的比例关系，根据村民的能力情况、经济条件等因素，为村民设置相应的环节与方式，积极鼓励他们参与到旅游经营活动中去。通过促进村民在旅游景区就业、自主开展旅游创业等手段，保障当地村民的旅游收益份额。

相关部门应制定相应的政策制度，通过创造机会、促进赋权等途径，调动村民参与旅游经营活动的积极性，充分发挥农民的主体作用，使村民参与乡村旅游扶贫开发的形式更加多元化。例如，根据农民的知识水平和能力状况的不同，安排文化程度较高的村民在旅游企业中就业，从事旅游管理、行政管理等相关工作；安排文化程度较低的村民从事景区内环卫、安保等工作；允许景区内村民开设家庭宾馆、餐馆和售货店，实现当地村民对旅游经营活动的参与。

旅游产业发展应该广泛吸纳贫困农户的积极参与，建立相应的机制予以保障，并采取一定的政策和资金扶持方法吸引贫困人口参与到旅游的实施、规划、选择以及管理等过程中，确保贫困人口获得知情监督权、管理维护权、项目决策权以及评估监督权等，这样才能充分体现贫困人口在扶贫项目中的主导地位，有利于调动贫困人口的积极性和主动性。

乡村旅游的开发，不能只依赖景区的建设与开发，也要全面提升乡村的基础设施建设、优化乡村环境氛围。当地村民从事农业生产活动的场景也可以成为旅游的吸引物和观赏点，有关部门可通过资金投入等方式，引导村民对乡村环境进行美化、优化，引导村民为游客提供特色农产品、畜产品等购买服务，获取相应的经济收入。鼓励当地村民成立乡村企业，开展乡村旅游商品的生产、加工，进一步扩大收益。

（三）乡村旅游参与文化保护机制

（1）农耕文化与现代文化相结合。由于长期农业劳作而产生的风俗习惯等被称为农耕文化，它的核心由农业服务以及农民自身娱乐组成。汉族的农耕文化深受儒家文化思想和其他文化思想的影响，其内容具有自己的独特性，不管是戏剧、语言还是民歌风俗活动等，都代表着中国文化。农耕文化使得农民形成了勤俭节约、勤于耕作的良好习惯和传统，但也使得农民产生了小农意识。现代文化与市场经济相关联，在社会变革与过渡中形成的文化强调生产劳动的创造性、科技化，其本质是自由、平等、开放、竞争、协作、效率等。乡村旅游的开发，应注意将现代文化与农耕文化结合，注重农耕文化与现代文化的互补，充分发扬农耕文化的优点，同时不断汲取现代文化的精髓，提升乡村的文化设施设备，推动乡村文化建设的现代化进程。

（2）政府主导与市场运作相结合。在乡村文化保护的过程中，注重政府的统筹协调作用，把握好乡村文化发展的导向和态势，将政府的主导作用与市场运作进行结合，为乡村文化建设提供更多的资金保障。在乡村积极组织建设农村书屋、文化广场、文化大院、乡村剧团等文化设施，鼓励企业参与到乡村文化设施的经营、管理中来。鼓励企业与村民合作，对独特的乡村文化旅游产品进行深入的开发和探索，让乡村文化获得新的发展机遇。推动村民广泛开展文化、娱乐、体育项目，利用节假日和农闲等优势，丰富农村的文化内容。

（3）历史文化与民俗文化相结合。历史文化和民俗文化是开发乡村旅游的宝贵资源，在旅游开发的过程中，需要将两者进行有效结合，通过对其内涵的深入研究利用，不断打造新的旅游产品和旅游项目。

首先，将历史文化、民俗文化的文化要素进行符号化表达，将其充分体现在乡村的旅游景观营造、旅游指示标志装饰等方面。其次，利用农业景观和乡村环境，通过建设富有民俗气息的旅游项目、旅游产品等，打造集休闲娱乐、民俗体验、餐饮住宿等功能于一体的民俗旅游村。最后，挖掘保护村落的历史文化、民俗文化，不断激发、培养村民的文化创造力，形成具有凝聚力的现代乡村旅游产品和项目。

（四）乡村旅游参与生态保护机制

生态环境保护是乡村旅游发展的重要内容，乡村旅游项目的开发使得自然环境的承载力不断增大，最终导致自然环境恶化。自然环境的恶化，将会带来乡村生产、生活方式的破坏，导致乡村旅游失去可持续发展的基础。村民是开展乡村生态保护最核心的群体，应当不断提高村民环保意识，发动村民参与到乡村保护中去。乡村旅游参与生态保护机制，应当通过政府部门宣传、指导，促使村民意识到乡村环境保护、治理的重要性，推进乡村化肥合理使用、生活垃圾分类处理、秸秆禁烧、森林防护、采挖监管、环卫督察等工作的进行。同时，需要鼓励村民参与到乡村旅游的经营管理中去，倡导节能环保的生活方式与经营方式。

（五）乡村旅游参与教育培训机制

村民文化程度较低和对旅游认识不够是乡村旅游扶贫开发的主要瓶颈之一，可以采用教育和培训等方式让村民更深入地认识和了解乡村旅游，培养村民相应的旅游服务技能，是解决这一问题的关键。宣传、教育手段可以加深村民对旅游的了解，激发村民参与旅游创业、就业的积极性与主动性，将村民培育成为乡村旅游服务的主体。

（1）乡村旅游扶贫教育培训形式。乡村旅游扶贫教育培训的主体主要包括政府部门、旅游行业组织、旅游企业、非政府公益组织、各类高校相关专业教师等。其培训形式也是多种多样，主要包括召开专业讲座、外出参观学习、开展服务竞赛、现场操作培训等。在乡村旅游扶贫教育培训的过程中，要注重多种培训方式相结合，充分考虑村民的接受能力和理解能力，通过合适的方法和手段，将相关的知识和技能传递给当地村民。

（2）乡村旅游扶贫教育培训内容。乡村旅游扶贫教育培训内容主要包括四个方面：①进行旅游知识、技能培训，开展就业培训计划，主要包括旅游业基础知识、环保知识与技术、服务技能培训、旅游小微企业经营管理培训、传统技艺培训等；②专业技能的培训，包括导游技能、烹饪技能等专门服务技能；③普通话和英语培训，在乡村地区，加强普通话和英语培训方面的培训，有助于提高旅游服务水平；④挑选一些乡村中具有较强人际交往能力和沟通能力的中青年，作为乡村旅游发展的村民骨干进行培训，培养其管理能力，进一步提高村民对旅游产业发展的参与层次。①

二、乡村旅游扶贫的利益机制

利益机制是指调整乡村旅游扶贫开展过程中各行为主体的利益分配关系和合理界定国家、企业和村民三者的利益，优化乡村旅游扶贫开发的收益结构和分配结构的功能体系，是乡村旅游扶贫机制的基础。由于乡村旅游扶贫开发结构的多主体性、多层次性，乡村旅游扶贫的利益机制也存在多主体性和多层次性。在乡村旅游扶贫的过程中，要注重当地政府、旅游企业经营者、广大村民之间的利益分配。在乡村旅游扶贫开发的过程中，要注重利益机制的设置，充分调动企业、职工、生产经营者的积极性，尽可能实现相对公平，发挥旅游扶贫效果。总体而言，乡村旅游扶贫利益机制主要包括利益分配机制、利益监督机制、利益补偿机制、利益调节机制等。

（一）乡村旅游利益分配机制

《全球旅游伦理规范》提出了对旅游景区开发中利益相关者的界定，旅游开发中的利益相关者是指在旅游开发过程中影响和受开发影响的群体或个人。一般而言，乡村旅游发展的利益相关者主要包括当地政府、旅游企业、当地村民、旅游者以及当地生态环境和社会文化环境等。

乡村旅游扶贫的利益分配机制，主要由乡村旅游发展利益相关者具有不同的行为目标决定。在利益分配的过程中，各利益相关者为了实现自身利益的最大化，满足并确保各方利益主体的利益需求，采取均衡分配利益的方式，保障乡村旅游的可持续、稳定发展，必须将利益相关者纳入规划和决策过程中来，建立合理、有效的利益分配机制，具体内容如下：

1. 明确各利益相关者的角色、地位

明确各个利益主体的地位和作用。所有参与到乡村旅游开发过程中的主体都可以被看成是利益相关者。各利益相关者明确权利和责任，做好自己的本职工作，不干涉其他利益主体。例如，有关部门主要担负协调、引导、规范乡村旅游开发

---
① 桂拉旦.旅游·扶贫与乡村振兴研究[M].北京：经济科学出版社，2019.

的责任，制定相应的旅游开发规章制度，不能随意干涉旅游企业和村民开发、经营旅游等工作活动，不能随意干涉旅游企业的利润分配。旅游企业不但要最大限度地保障自己的经济效益，同时还要承担起相应的环境责任和社会责任，尽可能地安排地方村民就业，做好环境保护规划并落实环保措施。村民应主动参与乡村旅游开发，采取各种各样的入股方式如，资金入股、技术入股、资产入股以及劳动入股等，或自行经营旅游相关服务，广泛参与到旅游开发与决策中来。

2. 合理分配利益

应明确经济利益和非经济利益的合理分配。如何合理划分经济效益成为各个利益相关者最为关注的问题，乡村旅游扶贫开发的经济利益是通过旅游资源、资本的开发利用，结合旅游企业、投资商的投资资本，打造旅游吸引物和旅游服务来获得的，主要包括门票收入、经营收入、销售收入（旅游商品销售、旅行用品销售）、服务收入（餐饮服务、住宿服务、娱乐服务、交通服务）等方面。非经济利益则是指在乡村旅游扶贫开发过程中产生的就业机会、决策参与权、项目经营权等无形利益。如何科学合理地划分对经济利益或者非经济利益将直接影响各利益相关者参与乡村旅游开发的积极性和主动性。实现两者的合理分配，需要从产权界定、股份制经营、规章制度等方面着手进行，保障政府、企业、村民等都能在旅游开发中按照所持股份获取相应的利益。

3. 设立发展公益基金和公积金

设立乡村旅游发展公益基金和公积金。为了保证贫困居民在旅游开发中受益，尽可能实现利益分配的公平性，应将乡村旅游扶贫开发的收入划拨出一部分作为乡村旅游发展公益基金和公积金。公益基金的一部分，用于乡村进行平均分配；另一部分用于资助贫困户进行旅游创业，搭建乡村旅游发展教育培训体系。公积金主要用于改善乡村的旅游基础设施建设和生态保护。[①]

（二）乡村旅游利益监督机制

为了加强对乡村旅游发展的合理监督和管理，需要强化乡村旅游发展利益监督机制的建立，进而平衡乡村旅游发展所带来的社会、经济、环境效益，变不利因素为有利因素，争取利益相关者的最大支持。乡村旅游发展的利益监督机制主要包括以下三方面内容：

（1）村民监督机制，在乡村内部，成立由村民组成的旅游发展协会，对旅

---

① 颜廷利. 新时期我国乡村旅游扶贫机制探讨[J]. 农业经济，2017（11）：33-35.

游经营企业的旅游规划、旅游决策、旅游经营行为和政府部门的管理行为进行监督,确保其决策、决定符合乡村旅游发展、经济文化发展的长远利益。

(2)政府监督机制,政府部门通过对旅游企业的经营、开发行为进行审批、核查来监督其行为。政府部门和旅游企业存在不同的目标,政府在发展旅游时要兼顾当地经济、文化、生态全方位的协调发展,旅游企业一般追逐自身经济利益的发展。政府部门对旅游企业既要加强资源、技术等方面的合作,同时也应出台相应的制度制约其不良行为。

(3)环境保护监督机制。旅游的发展必然带来自然环境和人文环境的影响乃至破坏,必须建立有效的环境保护监督机制对乡村环境进行保护。乡村旅游扶贫开发必须要把环境保护、资源保护放在首要位置,环境的承载量是旅游项目开发的前提条件,不顾环境保护而过分重视经济利益的行为是不可取的。在环境保护监督方面,应由当地环保部门、旅游开发区域村民、旅游企业、政府部门派出代表组成环境保护监督小组,对乡村旅游的环境质量进行有效的监督和评估,建立环境影响责任制,对旅游开发资源实施保护措施,遵循谁造成的污染和破坏就必须要谁承担治理的原则,必要时提出整改措施,向相关企业和单位进行追责、问责。村民组成的旅游发展协会也应承担起相应的环境保护监督责任。

(三)乡村旅游利益补偿机制

随着乡村旅游的不断发展,利益相关者利益分配不均导致了许多矛盾冲突的发生。只有对利益分配不足的利益相关者进行相应的利益补偿,才能让乡村旅游扶贫项目获得长远发展。对当地居民的补偿,从本质上看,是旅游经营者、旅游服务提供者与当地村民及其他受益主体间的基于交换的支付行为,利益补偿机制的有效运转,可以促进旅游收益在各利益相关者之间的合理分配,有利于乡村旅游扶贫的开展与实施。

根据"开发者付费,受益者补偿,破坏者赔偿"的原则,对当地政府、旅游企业及其他旅游经营者的行为进行规范,还可以在技术、实物以及资金上给予一定的扶持和优惠,建立合理的乡村旅游发展利益补偿机制,主要包括以下两个方面:

1.建立经济收益补偿制度和补偿监管机制

(1)建立经济收益补偿制度,充分利用市场进行调控。乡村旅游开发过程中,征用村民的宅基地和农用地,应按照相关法律法规的规定进行补偿,解决好农民土地被征用后的安置问题和生产生活重建问题。征地补偿主要包括土地补偿费、安置补助费、青苗补偿费三个方面。但在乡村旅游开发的经济补偿过程中，土地区位、社会经济发展水平和供求关系是首先需要考虑的问题，采用货币补偿与房屋产权置换的方式，保障乡村旅游发展中失地农民的长远生计。对于旅游企业，政府应通过税收、政策优惠等方式予以支持，提供包括土地、温泉使用税、资源补偿税等方面的优惠。

（2）建立补偿监管机制。补偿机制的合理监管也是乡村旅游扶贫开发的重要工作，当局应该出台相应的监管条例、规章，明确乡村旅游发展中的利益补偿对象、补偿范围、补偿方式和补偿标准，确保乡村旅游发展中利益补偿给村民带来实质的帮助。在补偿监管机制设立的过程中，要注重对其操作性、规范化的评估，既要加强旅游企业的自觉性和自律性，同时也要监督政府部门对相应资金监管的有效性。

2. 采用多元化补偿方式

采用多元化补偿方式，发挥其多种手段作用。除货币补偿、房屋置换补偿等方式外，在注重对当地村民长远发展的基础上，结合政府补偿和民间补偿两种方式，确保村民的利益得到最大限度的保障；还可以结合直接补偿和间接补偿两种方式，不但可以对村民进行现金补偿，还可以为村民提供培训、就业机会等间接的补偿；将连续性补偿和一次性补偿相结合，在保障村民基本生活的基础上，持续给予赞助等非现金补偿，通过奖励机制激励村民的积极性；将政策补偿与技术补偿相结合，为当地村民提供发展旅游的优惠政策，辅之以相应的技术帮助，鼓励其投入到乡村旅游的发展中去。通过上述方法，不断促进乡村旅游扶贫开发的可持续性。

（四）乡村旅游利益调节机制

在利益调节机制的设置方面，应当发挥政府的主导作用与市场的主体作用，对两者进行综合协调，进而实现多方利益相关者的综合平衡，保障市场经济下的乡村旅游扶贫开发的利益分配秩序。在利益调节的过程中，应始终贯彻执行利益协调和权利本位原则，确保各个利益相关者的权益都不被损害。通过合作、竞争等多种方式吸引更多的利益相关者在旅游发展中贡献自己的力量。

一方面，有关部门规范乡村旅游经营者的行为，通过建立完善的信息收集、交换体系，打破信息不对称的局面，保障乡村旅游开发中村民的合法权益，如资金、政策、技术补偿等；另一方面，构建包括政府、企业、旅游者、村民在内的多中心共同治理模式，完善利益协调议事机构的建立，促进利益主体的多元化发展，确保各利益相关者沟通交流、共同参与、相互合作，保障多方利益的有效实现，实现多方的利益制约平衡。

三、乡村旅游扶贫的协调机制

建立乡村旅游扶贫的协调机制是保障旅游扶贫工作开展的基础和重点，乡村旅游扶贫协调机制，一方面可以调节不同利益群体之间的利益冲突，为旅游区的发展提供保障；另一方面可以通过设置相应的协调组织、制度，调节乡村旅游扶贫的发展，保障乡村旅游扶贫的良性发展。旅游扶贫是一项庞大的系统工程，其涉及面包括政策保障、"三农"发展、利益分配、可持续发展、经济发展等多个领域，乡村旅游扶贫协调机制有利于扶贫效益的优化和扶贫目标的实现。总体来看，建立切实有效的旅游扶贫协调机制具有极强的必要性。

（一）乡村旅游制度协调机制

制度协调机制的内容是丰富多彩的，不但要从领导、组织和执行上进行完善，更要采取监督、考评以及奖惩等多种手段确保机制有效运行。乡村旅游扶贫的制度性协调机制主要指通过制度的设立，建立起乡村旅游扶贫发展的经济秩序和竞争规则，引导乡村旅游良性发展，促进利益的合理分配。乡村旅游扶贫协调机制的构建，应该从以下四方面着手：

（1）建设有效的沟通机制，加快行政沟通的网络化进程，通过不断降低沟通成本和行政成本，减少社会资源的浪费。

（2）建立旅游扶贫的战略规划，实施多方利益的协调机制，平衡地方政府、旅游投资者、旅游经营者、当地村民之间的利益关系，确保贫困村民能共享乡村旅游发展的成果。

（3）建立突发事件处理机制，提高突发事件处理的能力。

（4）建立科学的政府绩效考评机制，不能只单独关注经济的发展，忽视扶贫工作的开展。

（二）乡村旅游组织协调机制

乡村旅游扶贫开发的组织协调主要是指从政府层面设置政府直属机构或特设机构，赋予其相应的权威性，沟通协调多个部门，共同处理乡村旅游扶贫开发的相关事宜。旅游扶贫项目的开发不仅要充分发挥旅游部门的引导作用，还需要社会各界的积极参与，确保旅游扶贫的精准性和有效性。因此，也可以说，乡村旅游扶贫开发是一项重大的社会事业。一个地区的旅游扶贫发展质量和精准性都会受当地旅游业和其他相关产业协调性的影响，必须充分协调好各个扶贫部门之间的关系，才能使得旅游部门处理突发问题和统筹协调能力得到不断提升。

地方政府可以成立多个部门联席委员会，下设协调委员会、专家委员会、政府各职能部门。部门联席委员会负责制定乡村区域旅游扶贫总体规划，出台符合当地情况的制度条例，在利益分配、财政资金扶持等方面进行协调。协调常务委员会主要负责日常事务的处理，负责乡村旅游发展文件的制定、出台和整理，负责对接多方事务。专家委员会主要由当地专家学者构成，其职能是为联席委员会的决策提供旅游发展、产业经济发展方面的咨询和建议。

（三）乡村旅游市场协调机制

由于我国旅游经济发展的历史原因和现实原因，当前的旅游扶贫仍然是政府主导型的发展模式。但是在乡村旅游扶贫开发中，不能完全依靠政府的协调作用，而是应积极建立市场化的旅游扶贫机制。发挥政府部门和非政府组织（如行业协会、公益组织）等的作用，加强两者在旅游扶贫领域的合作，由市场机制调节具体的旅游扶贫项目，发挥市场在旅游扶贫活动中的作用。从旅游市场的需求出发，不断调整完善乡村旅游产品结构，将原始的乡村旅游产业逐步升级为以观光、体验、休闲为主的高级乡村旅游产业，不断整合乡村旅游扶贫开发的市场主体，激活乡村旅游市场潜力，推进乡村旅游的市场化进程。在乡村旅游扶贫开发利益分配过程中，也要充分考虑旅游业的市场化特性和乡村地区的实际困难，既满足旅游企业的发展需要，缓解贫困乡村的财政负担，同时也要使得贫困村民实际获利，逐步摆脱贫困。

四、乡村旅游扶贫的合作机制

（一）旅游扶贫合作机制的含义、特性

1.旅游扶贫合作机制含义

旅游扶贫合作机制是对不同区域中的旅游扶贫主体采取协议或者合同的方式，将行政资源、资金资源以及旅游资源重新进行分配的机制，这一机制可以实现经济效益、社会效益以及生态效益的最大化。

旅游扶贫合作的实现是以地缘紧密性、资源相似性、社会经济发展一致性及差异的互补性等为基础，参与合作的多方主体共同参与旅游规划的编制、旅游基础设施的建设、旅游产品的开发与旅游客源市场的开拓。参与旅游扶贫合作的各个主体，相互配合，共同营造良好的旅游环境，打造统一的旅游形象，从而更好地联合区域内的旅游企业，打造区域旅游一体化，开展旅游扶贫工作，重在强调各旅游主体的利益诉求一致性，才能使得区域范围内的旅游资源获得更佳的整合和发展。

2. 旅游扶贫合作机制的特性

（1）层次性。旅游扶贫合作具有层次性，在不同层次上，旅游扶贫合作模式和特点也各有不同。旅游扶贫不但具有国际性，同时也有省级层面、市县级层面、乡镇层面或者景区层面的地域性。不同层次的旅游扶贫合作，所牵涉的旅游扶贫主体各有不同，不同层次的旅游主体也可能跨层次进行合作发展。

（2）多样性。旅游扶贫合作机制具有多样性的特点，旅游扶贫合作的主体可以是行业协会、民间组织或旅游企业。在区域内或区域间旅游扶贫合作开展的过程中，在所有的旅游扶贫合作方式中，政府合作是最为基础和关键的。旅游扶贫合作方式的多元化发展对旅游扶贫工作来说既是难得的机遇，也是全新的挑战，为旅游扶贫合作的开展提供了更多的可能。

（3）市场性。开展旅游扶贫合作，不但可以改善地方市场割据的现状，破除旅游发展的地方保护主义，突破当地区域制度的限制，使得多种旅游资源要素在区域内、区域间流动和组合，实现市场对旅游资源的调控、调配作用，从而更好地将旅游目的地和旅游市场结合起来。

（4）共赢性。旅游扶贫合作的开展，是为了实现区域旅游发展的利益共赢。利益驱动，是乡村旅游扶贫合作发展的基本动力。乡村旅游扶贫的发展，随乡村旅游的设计、旅游线路网络化形成、各地旅游规划的落地、旅游企业经营管理方面的进步而日新月异，有利于实现区域旅游发展的多方共赢。

（二）乡村旅游扶贫合作机制构建原则

1. 政府主导，企业经营

在旅游产业的发展过程中，充分发挥政府的方向把握、制定政策的主导作用。通过政府主导发展，进行有效的产业政策引导，制定符合当地旅游产业发展的政策，为了提高乡村环境的整治和改善水平，采取专项资金的方式来促进宣传和改善力度,在当地经济发展计划中充分重视乡村旅游产业的发展。

进一步加大招商力度,为各种社会经济成分参与旅游产业的发展提供政策支持、财政倾斜和税收优惠。加快建设旅游基础设施,不断优化乡村旅游发展环境,从食、住、行、游、购、娱等方面进行旅游要素的整合,促进乡村旅游产业的发展,增强乡村旅游发展的综合竞争力。政府部门可考虑组建旅游发展公司,将相应的旅游资源、旅游线路、旅游景区等进行合理地整合、打包,对旅游资产进行评估,将国有、共有资产通过股份的形式交由旅游公司经营管理。

在政府主导旅游产业发展的同时,乡村旅游资源的开发和经营过程要将企业参与的价值予以体现,利用市场导向功能,让乡村旅游发展焕发新的市场活力,形成乡村旅游扶贫发展的多种所有制经济。在旅游产业内部,应鼓励旅游龙头企业发展,通过资本化运营,吸引外界大型旅游集团注资、参股。坚持旅游市场化,让相关企业充分参与到旅游投资、旅游产品生产销售、旅游服务经营中去,采取多样化的方式,如参股旅游产权、私人购买、租赁旅游业经营权等吸引更多的民营资本投入,使乡村旅游产业获得新的发展机遇。

2. 主题引领,规划先行

在乡村旅游扶贫开发的过程中,按照旅游规划的要求,确认和开发乡村旅游发展的主题,聘请专业的公司进行乡村旅游扶贫规划的编制。通过旅游规划的编制,对相关部门的利益进行协调。在规划编制、评审的过程中,吸纳多方利益诉求群体进入规划编制领导小组、评审小组,充分给予各利益诉求主体话语权和建议权。在旅游扶贫规划的编制主体选择上,国家级的乡村旅游扶贫总体规划的制定单位应该是国务院扶贫办以及文化和旅游部等,而省扶贫办和省文化和旅游厅则负责省内乡村旅游扶贫项目的规划,相应地级市的旅游扶贫开发规划由地级市扶贫办和市文化和旅游局来组织制定。

乡村旅游扶贫规划的编制,应在全面研究乡村旅游资源开发利用的限制性因素和不确定性因素的基础上,把握乡村村民、旅游企业等利益诉求,进而提出基本满足多方利益诉求的旅游资源、旅游品牌、旅游市场营销、旅游产品、旅游空间布局等规划方案,形成乡村旅游扶贫发展的向心力与合力,利用乡村扶贫旅游发展的协同性、高效性,有效提升乡村旅游发展的综合竞争力。

旅游规划的编制完成后,应组织专门的机构或设立工作小组,用行政手段创设良好的合作环境,以市场手段调节旅游企业的经营投资,共同监督、推动旅游规划的落地实施。乡村旅游扶贫的开发，涉及许多部门，在开发的过程中，应注重加强各部门之间的合作，必要时设立旅游发展委员会或建立部门联席会议制度，通过多方利益协调，确保区域范围内的旅游资源开发战略得以顺利实施，规范空间秩序，形成统一、协调发展的区域旅游发展优势。

3. 资源共享，合作开发

区域旅游资源的开发利用受到区域内旅游资源的经济价值和基础条件的影响。而资源的经济价值又受资源的区域空间位置、邻近区资源的组合结构以及资源的丰度和品位等影响。旅游资源的互补性决定了旅游资源开发的叠加优势，开发旅游资源的过程也要重视整体性的作用，通过资源共享实现规模效应，强化复合价值的体现，从而增加乡村旅游资源的魅力。乡村旅游的历史文化资源与自然生态资源也存在一定的互补优势。通过多种旅游资源的整合，打造复合型旅游产品，有利于提升乡村旅游的整体吸引力。

（三）乡村旅游扶贫合作机制构建途径

1. 建立旅游扶贫的合作机构

乡村旅游扶贫的发展，需要在国家、省、地市等层面建立旅游扶贫合作机构。各级政府应当成立"旅游扶贫合作工作领导小组""旅游扶贫合作工作办公室"等部门、机构，负责对各地乡村旅游扶贫工作进行指导。从各个层面出台政策，共同协调解决乡村旅游扶贫发展过程中涌现出的生态环境问题、交通治安问题，通过设立旅游扶贫基金，给予乡村旅游扶贫项目以人才、资金等支持，逐步推进乡村旅游扶贫发展建设。

2. 发挥市场机制作用

市场机制是利用市场竞争配置资源的手段，通过市场的自由竞争和交换来实现资源配置的。在乡村旅游扶贫开发的过程中，应充分发挥市场机制的作用，探索建立产品与市场相结合的管理体制，可以采取旅游产业管理权、经营权和所有权相分离的管理方式，从而妥善解决资源管理条块分割、行政职能和企业行为交叉的问题。

政府应该加强行业协会的管理和监督作用，完善协会建设，实现社会化的管理职能；将权力下放，让地方和基层来负责行业协调工作和市场监管工作。放宽旅游市场准入制度，推动旅游投资企业、在线旅游企业、旅游规划策划企业等市场主体介入乡村旅游产业，对旅游市场的经营主体进行培养和发展，让乡村旅游产业发展得到质的提升。

鼓励旅游企业转变经营观念，根据各旅游企业的业务特点，结合主管部门等对当地旅游扶贫发展规划，积极与其他旅游企业开展合作，建立优势互补的合作关系，共同推动旅游扶贫合作工作的开展。与此同时，推动旅游企业进行资源外取，采取多样化的合作形式，扩大合作的范围，通过"资源－旅游开发商－旅行社"等相关产业链条上企业的合作和互补化的发展，促使乡村旅游获得更好的经济效益。

3. 完善旅游资源的整合机制

乡村旅游扶贫合作开发必须树立旅游资源整合意识，采取各种各样的方式，如开展研讨会，举办培训班等，让相关工作人员时刻提高自己的观念意识，树立全局意识，站在更高的层次上把握区域旅游资源整合工作，采取积极主动的姿态推进整合工作的进行。现在，国内的乡村旅游扶贫开发工作还存在着各种各样的问题，需要政府部门在通信、交通、金融等方面给予大力支持。

在乡村旅游资源整合方面，需要根据乡村扶贫的战略目标对区域内的旅游资源进行整合，精心打造设计乡村旅游产品，形成具有清晰的空间层次、高效的管理格局，从而强化区域旅游整体优势，取得综合发展的优势。在乡村旅游资源开发的过程中，要注意旅游品牌的建立，打造精品旅游产品和旅游路线，通过合理的旅游线路串联多类型的旅游产品，打造出整合的、优势互补的乡村区域旅游品牌，为乡村旅游发展带来显著的经济和社会效益。

五、乡村旅游扶贫机制创新路径

我国乡村旅游扶贫机制改革创新，主要表现在以下四方面：

1. 建立精准旅游扶贫机制

扶贫需要因地制宜，尤其对于当前的旅游扶贫工作，更需要精准扶贫，一户一策，一村一业。精准旅游扶贫是指针对适宜发展旅游的区域，通过明确扶贫对象、细化项目安排、创新扶贫机制、强化资源配置机制，使得扶贫方式的识别和管理更加精准化。精准扶贫应该坚持"点—线—面"相结合的扶贫思路，以精准扶贫为工作准则，将精准到村到户与全面推进结合；坚持输血与造血结合的思路，将外部智力扶持与自身动力培养结合，把发挥贫困地区干部群众自身的积极性摆在突出位置；通过对口帮扶政策，支持鼓励旅游企业安排吸纳贫困村民，对认定的乡村旅游景区、星级农家旅馆和农家乐等旅游品牌给予相应的鼓励支持；建立扶贫措施，统一管理建档立卡工作，深入分析贫困群体的贫困原因，采取恰当的扶贫措施，真正将扶贫工作落实到位，设置严格的跟踪考察标准和完善的退出机制，实行动态管理，对成功脱贫致富的贫困人员颁发荣誉证书，并按照"摘帽不摘政策"的标准继续在创业、就业、税收等方面予以一定优惠。通过精准的旅游扶贫机制，实现"真扶贫，扶真贫"，使乡村贫困人口能够参与乡村旅游开发并从中受益。[①]

2. 建立开发保护互动机制

在乡村旅游扶贫开发的过程中，要强化资源保护程度和旅游开发程度的协调性。其中开发是主导，保护是基础，两者相互促进又相互制约。贫困乡村大部分具有经济落后、相对闭塞、环境良好的特征。因此，相较于其他旅游资源更具脆弱性，保护乡村的生态环境和民俗文化环境、乡俗文化环境显得尤为重要。

乡村旅游发展，会给农村地区带来人居环境改善、生态环境优化等利好，但是，随着旅游产品的不断开发和旅游人数的不断增多，乡村旅游开发也凸显出一定的生态破坏和环境污染等负面影响。村民是保护乡村旅游资源、环境的主体，因此，需要促进村民的积极参与，寻求旅游开发与各利益主体间利益的平衡点：①树立强烈的生态环境保护意识，向违反相关环境保护规定、破坏旅游行政法规的旅游企业、单位征收环境补偿费，实现开发与保护的双方利益共享；②构建社会化、市场化运营的环境、资源保护体制，鼓励治污公司积极投入旅游扶贫开发中来，通过国家政策资金给予其相应的扶持；③将环境保护规划纳入乡村旅游扶贫规划中，使保护与开发更好地结合起来，从顶层设计方面打造环境保护与开发良好互动的机制。

3. 建立可持续扶贫机制

乡村旅游扶贫开发不能只关注物资援助、硬件建设和基础设施建设，还应注重对村民旅游经营能力、旅游经营理念的培训和培养。乡村旅游扶贫建设，应注重把村民决策权、资源掌控权交由村民委员会掌握，通过旅游项目的开发和实践，不断加强村民"自我组织，自我管理，稳步发展"的能力，培养其旅游服务、经营、接待能力，形成以能力建设为中心的可持续的反贫、脱贫机制。

---

① 向文梅. 乡村旅游扶贫精准化路径探讨 [J]. 中国商论，2019（22）：81-82.

4.建立社会参与机制

不断创新社会参与机制,通过构建旅游扶贫信息平台,引导社会群体、行业组织、旅游企业等帮助乡村旅游扶贫开发中的农村困难群众、农户、村民,为他们提供智力支持、培训支持等。鼓励支持旅行社、旅游酒店、旅游餐饮企业、旅游商品制造业等市场主体到乡村贫困地区投资旅游事业、旅游产业。鼓励保险事业在旅游扶贫项目中的扩散,引导相关保险公司设立"旅游扶贫+保险"的业务形态,将抗风险能力弱的企业、农家乐经营户、乡村创客等纳入"旅游保险"体系,保障旅游脱贫路上零风险、创新创业路上低风险和零风险。营造全社会、全旅游行业共同扶贫济困的氛围,汇聚多方之财,凝结全民之智,形成合力,推动社会各界积极参与到乡村旅游扶贫中来。[①]

[①] 王超,蒋彬.乡村振兴战略背景下农村精准扶贫创新生态系统研究[J].四川师范大学学报(社会科学版),2018,45(3):5-15.

第二章　新时期乡村旅游扶贫的实施策略

当前，我国乡村旅游扶贫正面临着新常态、智慧化的时代背景，因此，给新时期乡村旅游扶贫策略的实施带来了新的机会和挑战。本章重点探讨社区参与乡村旅游扶贫、新时期下乡村背景下的旅游扶贫以及乡村旅游扶贫的路径。

第一节　社区参与乡村旅游扶贫

一、社区参与乡村旅游扶贫的内涵

（一）旅游扶贫对象的含义

一般经济增长理论认为经济增长最终会实现区域的整体富裕，这也成为我国部分学者对旅游扶贫认识的理论基础。因此，旅游扶贫的重点放在贫困区域的旅游发展上。

旅游扶贫的对象也要符合一定的条件，即拥有进行旅游发展和开发的基础条件，且经济落后的地方相对适合成为旅游扶贫的对象。充分利用和开发贫困地区旅游资源价值，并向贫困地区引入经济发达地区的信息流、人才、先进技术、资金和观念等，让贫困地区焕发新的发展活力和获取新的发展机遇，如此才能有效达成脱贫的目的。

扶贫问题不仅仅是经济问题和区域问题，更是深层次的社会问题、文化问题、经济问题及环境问题。贫困的表现和根源也不仅仅局限于经济方面，更包括基础设施与环境、文化的建设和保护等多元维度。从旅游和扶贫的研究角度来看，若是将旅游扶贫立足于一般的经济增长理论上，就会导致旅游扶贫的中心目标不准，使旅游扶贫聚焦于扩大旅游产业的规模，或者仅关注于贫困地区的旅游经济发展，从而偏离旅游扶贫中贫困人口受益核心目标。社区参与的旅游扶贫以贫困人口为核心的做法抓住了贫困问题的关键，非常值得推广，也为我国旅游扶贫指明了方向，契合了以人为本的愿望和主旨。

（二）社区参与乡村旅游扶贫的相关理论及重要性

社区参与旅游扶贫是贫困地区以社区发展的层面来推动旅游产业的开发。在开发中，社区居民是主体，因此他们积极地参与到旅游计划的制定、项目的开发和各种公益活动的开展中，社区参与旅游扶贫能够提供更多的就业机会，解决贫困地区的居民就业问题，帮助居民增产增收，脱贫致富，不但可以促进村民积极主动承担相应的旅游风险和责任，又能切实在旅游产业的发展中得到经济利益，在社会效益和环境效益中获得一定的满足，缩短贫富差距，推动贫困地区经济社会的长远发展。

1. 社区参与乡村旅游发展的相关理论

（1）旅游可持续发展思想。旅游的可持续发展理论包括三个层面内涵，首先是公平性，主要包括本代人之间的公平、代际间的公平以及旅游资源分配的公平。其次是持续性，这就需要在开发旅游资源时充分考虑生态环系统的承载能力，确保生态系统和生物多样性不会受到旅游过度开发的影响，让新资源能够持久供给，并最小化不可再生资源的损耗量。最后是共同性，不同国家的文化、社会经济发展水平以及历史传承各有不同，这会对旅游长远发展的最终目标、实施步骤和政策措施产生一定的影响，造成具体目标，实施步骤和政策措施的差异性。不过，全球发展的总目标是立足于可持续发展的，对公平性和持续性的要求是其共同之处，达成这一目标需要全世界各国的积极参与和联合行动。

只有科学地保护和利用旅游资源环境，才能确保乡村旅游扶贫的可持续发展，这也是旅游产业发展的基本前提，既能有利于提升旅游水平，又能确保持续执行扶贫目标。

（2）墨菲的社区旅游战略模式。将旅游社区当成一个整体来进行考量是旅游业发展的前提，社区旅游产品由以下四个内容构成：一是可进入性环境模式，这是旅游业可持续发展的立足点，直接影响着旅游资源环境保护和利用程度；二是商业经济模式，这一模式对社区的经济利益形成直接的影响，其也是旅游活动行为的目标所在；三是社会文化模式，这是指当地的设施、文化、社会、历史等是旅游业发展和开发的前提，尤其是社会文化，更是旅游产品开发的关键因素；四是管理模式，社区目标的实现是建立在良好的管理基础上的，这对旅游业的可持续发展目标能否实现有所影响。

（3）"卡尔多改进"理论。福利经济学中涉及两种选择，其一为帕累托标准，是指对某人境况的改善需要建立在其他人状况恶化的前提下,也就是博弈论中的零和游戏的关系,当帕累托最优时,效率才能最佳;其二是帕累托改进标准,是指改善一个人的境况不需要其他人的境况恶化为前提,有效率的帕累托改进是总体福利都有所上升。不过实际上,一些人改善境况时,其他人的境况必然会有所恶化,这就是所谓的卡尔多—希克斯补偿检验原理。

实现社会公平是旅游扶贫的首要任务,换句话说,贫困人口享受旅游业福利不能以区域发展能力有所损伤和影响非贫困人口的基本利益为前提。

(4)旅游目的地的社区化管理。从社区的角度来看,旅游产业开发有着重要的现实意义,其对旅游扶贫的要点进行把握,有利于社区旅游概念的形成。社区旅游泛指所有的目前可进行的旅游活动。社区旅游是以社区的角度进行旅游目的的建设选择、旅游区的总体规划和布局。为了提高旅游的效率,也应该实现旅游社区的结构优化,从而最大限度地激发旅游产业的经济效益、社会效益和环境效益。确保当地居民能够顺利参与也是旅游社区发展的一个重要目的,若是缺乏社区参与,旅游社区也不复存在。

2.社区参与乡村旅游扶贫的重要性

(1)社区参与是贫困地区发展旅游业脱贫的有效途径。旅游扶贫的产业联动效应是非常突出的,特别是收入和就业两个方面,若是旅游扶贫开发项目是建立在劳动和外部资本等生产要素的基础上,则有可能导致当地的旅游收入以商业利润或者工资的方式流失,不利于旅游成熟效应的提升。若是积极引入当地居民参与到旅游产业中来,则可以有效地减少收入的外流,有利于旅游效益耗损量的降低,从而使得旅游乘数效应有所提升,对当地经济的发展具有重要意义。

(2)社区参与有利于贫困社区可持续发展。居民是最关键的利益主体之一,他们承担着旅游开发中产生的各种隐性成本,如社会成本、环境成本和资源成本。所以,居民积极参与才能让他们将旅游开发和自己紧密联系起来,认识到自己的态度和行为将对自己的收益造成直接影响。这样能够促进居民主动积极地参与社区形象的维护,有利于社区旅游的可持续发展。

(3)社区参与可提高旅游产品的质量。在旅游过程中,旅游者只有感受到旅游产品的优质性,才能有更好的旅游感受。从旅游者的角度来看,旅游产品的高质量是由旅客真实的旅游体验所决定的。和当地自然环境、社会文化联系最为紧密的是社区居民,他们最清楚何种资源有利于开发,何种资源更具特色等。社区的参与能够将居民的意愿和能力得到体现，从而有利于旅游开发的规划和发展；在开发中获得最大限度的居民支持，有利于活动的顺利进行。加上居民最熟悉当地风土人情和风俗习惯，他们的参与，更有利于旅游项目体现出当地的文化风情，将当地的特色深入地呈现在旅客面前，使旅客获得更有质量的旅游体验。

（4）社区参与有利于旅游资源和环境的保护。现在，国内的旅游扶贫工作已经小有成效，不过代价也比较巨大。由于旅游产业的过度开发，很多贫困地区的自然环境和生态环境受到了很大破坏。因此，社区的参与也是非常有必要的，可以让居民更加注重旅游扶贫项目的可持续发展，并积极地参与到环境保护的行动中，从而促进旅游产业可持续发展，将关注重点转移到游客容量和环境质量上，对旅游者的环保行为进行自觉地监督和管理，确保环境不会继续恶化，资源不会被破坏。

（5）对贫困社区或者贫困人口的利益予以保障是社区参与旅游扶贫项目的主要目标，因此在扶贫项目的开发中，在旅游产业的开发和发展中，吸引真正贫困的人群参与，约束外部投资的方式、期限和项目等，以确保当地贫困人口的开发优先权，如民俗民族文化展示、制作手工艺品、提供民宿餐饮等的经营权要优先给当地贫困人口。贫困人口比较分散，不利于其参与到各种社会决策中来，这就需要社区的参与，将分散的贫困人口进行集中和组织，从而更好地为贫困人口提供参与社会决策的途径，同时还需要提供有关的经济资源和扶贫信贷。这样能够更好地体现贫困人口的凝聚力，为其获得相应的权益提供保障。[①]

二、社区参与乡村旅游扶贫主体

社区参与的旅游扶贫模式从宏观上来看，是旅游扶贫战略的一种，从微观的角度来看，其又具有一定的系统性，对参与社区旅游扶贫模式中的各主体以及系统涉及的各利益主体进行分析，明确他们对社区扶贫旅游参与的作用，这是分析社区参与旅游扶贫模式的第一步工作。利益主体及其诉求、利益主体的权责是社区旅游扶贫行动的核心。

（一）乡村旅游扶贫的社区政府

旅游扶贫是一种全新的扶贫战略，也是政府的一项政策、一项工作，要求政府和相关部门参与执行，是一种政策要求。在乡村旅游扶贫战略实施过程中，政府的作用是非常关键的，是最为核心的外部利益参与主体。

---

① 梁留科.乡村旅游扶贫理论与实践[M].北京：科学出版社，2018.

在发展旅游的过程中，既要改善贫困地区的旅游供给，又要维护好当地的自然生态环境，就需要政府组织相关人员拟定旅游业的发展战略和规划，从而更加科学合理地开发和保护社区旅游资源。社区在旅游扶贫的社区参与模式中的角色定位应当是规范制定者、引导者、协调者。通过政策、财政激励等行政手段从宏观的层面来调控、规范社区旅游业的发展，从而优化市场环境，细化社区参与旅游业的规范和准则，如社区居民如何参与旅游业，如何分配旅游收益以及如何划分旅游资源产权等，确保旅游扶贫目标的实现，即贫困人口的受益和发展。

社区政府掌握着土地、资金、信息等权利资源，应充分扮演好引导者的角色，充分利用资源吸引外来投资，创造就业机会，为旅游资源和服务的有序开发，构建一个平衡模式。同时，由于贫困社区享受到的教育资源匮乏，居民自身知识水平有限，对旅游发展认识不足，参与水平低，因而社区政府也应发挥引导作用，通过培训或者组织学习，实现社区与旅游互促互进。尽管在旅游业发展初期政府表现出主导性的地位，但是随着市场需求及考虑到旅游业的复杂性，旅游活动需要更多的利益主体参与其中。由于每个利益主体的出发点和诉求不同，如开发商要获取利益，社区居民要保护环境，而相关利益主体的各自利益需求肯定会有所冲突，在旅游发展中可能不能协同，此时政府充当的角色就不是简单的利益主体，更是利益相关者关系的协调者。

（二）乡村旅游扶贫的社区居民

旅游扶贫以保障贫困人群的受益和发展为最终目标，社区参与的方式成为促成这一目标的主要手段。因此，社区居民作为社区参与的主体，其主体性不但体现在旅游发展过程中，更体现在旅游发展受益中。从旅游的层面来看，社区居民可以分为两类：一是从事旅游业的社区居民，二是非从事旅游业的社区居民。通常情况下，这两类居民对旅游发展中的问题会有不同的侧重点，从事旅游业的社区居民对旅游业的发展将如何适应新形势，从而带来更多的经济效益等比较重视，而非从事旅游业的社区居民更加关心社区参与模式是否会对他们带来不利影响。

贫困地区的旅游资源往往是最原生态，未经人工雕琢的人文或是自然生态资源，且大部分位于社区居民的生活区之中，与社区关系最为密切。因此，社区居民是旅游地的真正主人，是社区文化的携带者，是社区旅游活动开展的主要人力资源提供者，也是旅游开发负面影响的最直接、最主要的承受者，得不到社区居民支持的旅游发展战略是无法实施的，离开了居民参与的景区发展是注定会失败的。社区能够成功地参与到旅游扶贫中，主要受社区居民是否有参与到旅游扶贫中的方式，其参与主动性和积极性如何，在旅游发展中能够获得怎样的利益等因素影响，也关系到扶贫目标的达成和社区的可持续发展。随着国内乡村旅游项目开发力度的强化，农村社区开始积极地参与到旅游产业中，并在乡村旅游产业中占据主导地位。

（三）乡村旅游扶贫的旅游企业

旅游企业是依附一定的旅游资源而产生的，以有形的空间设备、资源，为旅游者提供无形的服务并满足其需求的，以盈利为目的的独立经济单位或集体，是重要的外部利益参与主体，如景区管理公司、宾馆饭店、旅游交通公司、土特产商店等。一般而言，参与到乡村旅游地发展的旅游企业主要有两类：一类是直接旅游企业，直接服务于旅游者，如旅行社、酒店宾馆、农家乐、交通公司、农贸城等，此类企业占大多数；另一类是开发性组织，引导辅助旅游企业，如旅游管理公司、规划公司、旅游集散中心等，这类企业比例较少。

旅游企业通过自身具备的资源和专业技能服务于旅游者，满足旅游者的需求，促进旅游活动的顺利开展，从而成为参与旅游开发活动的主要利益主体。比较旅游扶贫社区参与机制中的其他利益主体，旅游企业具有最为清楚的利益需求，换句话说，旅游企业追求利益最大化。所以，旅游企业是社区参与旅游发展中最明确的市场主体，代表了市场经济机制。社区参与旅游发展模式中，旅游企业的地位是举足轻重的，它可以为社区居民创造新的就业岗位，运用本身的专业力量开展旅游技能培训，提高社区参与旅游发展的能力。同时，旅游企业也是社区政府税收的重要来源，帮助社区政府从中获益。

（四）乡村旅游的旅游者

在旅游产业中，旅游者充当了消费者的角色，直接参与社区旅游活动，更是社区旅游中最为重要的利益相关者。旅游的过程就是旅游者花费一定的金钱购买能满足自己需求的旅游产品，并获得满意的体验及服务。这种需求的日趋复杂多样，促进了社区对新旅游产品的开发，推动了社区旅游的快速发展。由此可见，旅游者看似不影响社区发展旅游的过程，但旅游者的行为趋向影响着社区旅游发展的前途和命运。旅游者是旅游企业的利润来源，旅游者在体验旅游产品后的口碑和评价，会影响到潜在旅游者对同样产品的选择和购买，进而影响到旅游企业的发展。①

三、社区参与乡村旅游扶贫的制约因素

（一）制度制约因素

（1）贫困居民参与机制不健全。在旅游开发中，贫困居民往往是容易被忽视的群体，需要在制度上建立保障贫困居民参与旅游发展权利的机制，贫困人群参与旅游开发的积极性和主动性主要受参与机制完善程度的影响。由于参与机制的缺乏，贫困居民对于旅游发展认知不足，无法预知旅游发展能否使自己获利，进而无法直接参与到旅游活动中。因此，建立健全贫困居民旅游参与机制是激励和保障贫困居民积极参与旅游开发活动的重要手段。

（2）贫困居民保障制度不完善。旅游开发的本质是一种商业行为，各个投资主体的参与其实是一个获取利润并进行利益分配的过程，贫困居民要参与其中并进行利益分配，必然伴随着土地、劳动力等生产资料的投入，这也意味着参与就会有风险。贫困居民的应对风险能力比较有限，在客观上制约其参与意愿与参与能力。由于保障制度的不全面，贫困居民无法有效参与到旅游产业中。现在的旅游开发也缺少相应的制度来规避参与的风险及对其利益的保护。尤其是在旅游开发过程中涉及股权、产权等价值的评估、转让，在这一环节中，乡村居民处于弱势地位，且没有针对性的制度。

（二）经济制约因素

（1）自身经济能力制约。贫困居民大多地处经济发展落后地区，自身收入有限，在以商业作为突破的旅游活动中，资本的严重缺乏使得他们对参与旅游活动变得力不从心。此外，虽然有各级政府为旅游发展提供资金补贴，但这些资金应用到基础设施建设中尚且不足，更何况居民参与其中还需要各种活动经费、教育经费等。所以说，居民参与活动的范围、成果以及途径都受经济条件影响。

（2）资源的产权补偿制约。国家对旅游开发中征用的土地等资源的补偿方式通常是一次性的货币安置形式。旅游发展作为长期性的商业开发活动，带来的增值收益是长远而又可观的，然而，乡村居民作为参与旅游发展活动的主体却并不能够享受这部分增值利益。除此以外，基于资金补偿不到位，下发不及时以及部分居民理财观念欠缺等现状，一次性的货币安置形式扶贫效果有限，甚至还会加剧贫困。

---

① 张伟波．乡村振兴战略下农村旅游扶贫探析 [J]．农业经济，2019（5）：41-43．

（三）自身制约因素

正是社区整体发展较为贫困，居民的教育程度受经济水平影响，从而导致居民的认知能力和知识水平无法得到较大提升，不利于扩展居民参与旅游开发活动的广度和深度。具体表现主要有以下三个方面，首先，居民在原本的生活环境中缺乏赚钱门路，即便旅游业的引入可以为其提供生财之道，却仍有大部分人觉得无从下手；其次，商业运营能力的欠缺以及科学知识的匮乏使得部分居民一时之间难以开展具体的商业运作；最后，贫困居民长久以来处于不平等的利益分配关系中，经济地位较低，直接影响了他们与其他利益相关者之间的友好合作关系。总之，居民自身层面的问题也是制约其参与旅游扶贫的一大因素。

（四）区位制约因素

贫困地区往往地处偏远地区，区位因素客观上影响着区域旅游发展，某一地区与主要旅游集散地、主要旅游目的地、主要旅游市场之间的位置关系是决定旅游开发能否顺利的一个重要因素。偏远的贫困地区普遍交通不便，基础设施落后，也影响着当地居民参与旅游开发的能力。因此，一旦居民的居住地距离旅游集散地、目的地或市场较远且交通问题得不到解决，居民便很难接触到游客，更别谈对游客的服务与接待。无法从旅游中获取直接利益在很大层面上降低了居民参与的积极性。

四、社区参与乡村旅游扶贫模式

为了给贫困居民创收，乡村旅游业在长年的探索与实践中衍生出了多种发展模式，而不同的扶贫模式又对居民的参与机会、收入分配等产生不同程度的影响，关系到居民参与旅游开发的积极性与主动性。

（一）政府主导型模式

当前我国旅游业整体上处于开拓期，政府对旅游业的干预比较强。而且对于很多贫困地区而言，政府在区域经济发展和旅游扶贫中起着重要作用。为了推进旅游业的开展，助力精准扶贫，政府部门通过制定旅游发展规划、打造本地化旅游产业链、建立有效扶贫基金、健全利益相关者协调机制等措施为参与乡村旅游活动的社区主体提供政策与组织保障。根据不同参与主体意愿的强烈程度，社区参与划分为以下两种，一是吸纳型参与，二是自主型参与。

（1）吸纳型参与。这种参与方式主要受政府主导作用影响，适用于我国大部分贫困地区。具体来说，政府是整个乡村旅游扶贫活动的核心，所有旅游项目的规划、审批、投资运营及培训管理等皆由其负责，而社区居民则处于配合及从属地位。

（2）自主型参与。这种模式一般是在旅游开发进入发展稳定阶段之后，通过政府的监督引导，实现以社区力量为主的社区主动参与模式。旅游发展进入成熟期，客源市场稳定，景区知名度已经形成，而且此时社区的思想意识和参与能力也有了提高，加上有一定的经济基础，政府可以对社区的发展起到引导监督作用，包括市场监管、政策措施制定、旅游地基础设施的改造、形象宣传等方面。而社区的文化提升、产品整合、市场推广则主要由社区来完成，从而使当地社区在旅游发展中处于核心地位，充分发挥社区居民的积极主动性。

（二）项目带动型和景区帮扶型模式

（1）项目带动型。这种模式引入了国内外生态文化保护与发展项目，以带动乡村旅游业的发展，比较适用于生态环境独特、文化底蕴丰厚且贫困人口较多的地区，如一些地区通过生态补偿脱贫工程推动生态休闲旅游村建设。开展类似的发展项目需要有关部门给予以下几个方面的支持：建立明确的发展目标及工作框架；建立健全完善的组织机构；为居民参与提供政策、技能、就业和资金等各个方面的支持；培训并提高贫困居民的自我发展能力。

（2）景区帮扶模式。这种模式也叫"景区带动模式"，是在旅游发展前景和开发效益良好的地区，充分利用景区的知名度和客源市场，来带动周边的村镇通过参与景区的建设、经营、服务、管理等，从而从中获益，达到景区旅游业发展的经济效益最大化。这种模式需要景区管理部门在充分考虑社区居民就业安排与收入分配的前提下，将行政管理和居民自治管理的优势相互结合，从而使得景区和社区和谐共赢，最终达到脱贫目的。

（三）公司与农户合作型模式

1. "公司+农户"的模式

在"公司+农户"的模式下，公司与村民之间可以进行直接的合作联系，公司负责制定规模化战略用于开发、经营和管理，而农户则负责参与具体的运营。例如，公司负责提供资金支持，当地居民提供人力、物力资源等。公司可以针对居民制订一套行之有效的培训方案，利用培训手段促进居民整体素质的提升，将公司的实际情况和旅游知识传授给村民，为实现共同发展奠定良好的基础。

这种模式发挥了公司的经济能力和经营管理能力，同时还充分利用了村寨的剩余劳动力，带动了地区经济发展，丰富了旅游活动内容，让游客体验到了原汁原味的民俗文化。

2."公司+社区+农户"的模式

这一模式需要结合当地社区、农户以及旅游产业的作用和优势，并由公司负责投资运营，社区协助公司对农户进行旅游服务业的专业培训，通过制定运营规则对农户的经营方式予以规范，而农户则负责游客的接待与服务。"公司+社区+农户"的模式在保障了旅游服务水平的同时也保障了企业和村民的利益。

五、社区参与和非社区参与乡村旅游扶贫对比

（一）乡村旅游扶贫核心目标对比

（1）社区参与。这一方式是指在旅游规划和旅游开发过程中充分发挥社区主体地位的作用。乡村旅游扶贫通过发展旅游业、开展商业旅游项目以带动贫困地区经济发展，为贫困人口提供就业、创业机会，增加居民收益，最终使本地区消除贫穷现状，达到脱贫标准。因此，贫困人口如何在旅游发展中获益并增加发展机会成为旅游扶贫的核心问题。针对这一核心问题，社区参与旅游发展主要有以下三方面优势。首先，在有限的资金状态下，社区参与可以精确瞄准最需要帮扶的目标人群，集中力量，有的放矢；其次，社区参与可以为每位居民提供机会，在保证公平公正的前提下为贫困人口带来发展契机；最后，居民的自我管理与文化提升也需要社区的引导。总之，社区参与可以更好地结合本地区的资源现状、居民的主观意愿以及社会总体发展格局来有效落实乡村旅游扶贫战略。

（2）非社区参与。非社区参与的旅游扶贫没有很好地调动社区居民的主动性、积极性，而是单纯地将重点放在了旅游产业带动财政收入上，并不能使本地区有效达到脱贫标准。一方面，由于缺少严格的扶贫基金使用督促机制，地方政府作为扶贫基金的管理者在拿到有限的扶贫基金后，通常并没有在第一时间贷给贫困居民，而是选择将资金投入生产性企业，以达到尽快缓解财政困难的目的。这就使得旅游扶贫虽然推动了贫困县区的财政收入增长，但在消除居民贫穷现状方面却收效甚微，严重偏离了最初发展乡村旅游的扶贫目标。另一方面，地方政府为了在更大程度上吸引外资，常常忽视本地区居民的利益。当政府将外来资本作为主导进行旅游开发时，在外商的投资项目、外资比例以及

外来人员雇佣管理等方面没有给予相应的限制，这就造成社区居民的资金投入处于弱势地位，市场份额受到严重排挤，就业机会受到威胁，旅游业的发展最终富了外来人员，并没有使本地区脱离贫困。

（二）贫困社区发展的对比

（1）社区参与。社区参与旅游扶贫的模式有利于社区建设中的旅游产业发展，使整个旅游发展规划与贫困社区自我发展目标相结合，从而优化社区结构、创新社区治理模式，为整个社区的全面发展谋取福利，达到经济效益、社会效益和生态效益相统一。在旅游开发过程中，充分体现出居民的主体作用。因此乡村旅游需要在旅游开发中充分考虑到当地居民的利益与承受能力，既要为其提供就业与创业机会，又要鼓励其积极参与到旅游发展决策的制定与实施中。在基础设施建设中，乡村旅游扶贫需要利用本地区特有的产品与文化，确保旅游项目可以覆盖到食、行、娱、购及住等各个生活方面。此外，旅游开发过程中还要充分重视景区内部和周边地区的基础设施建设和完善，使得景区能够具有完善的给排水系统、防洪防旱系统、"三废"处理系统、供水供电系统、交通网络系统，确保消防安全、医疗安全，配备必要的教育系统等，这样既有利于完善旅游产业的基础设施，又能促进当地的经济发展，提高人民生活水平。

（2）非社区参与。非社区参与模式不利于社区建设和社区发展规划，在当地文化和习俗的保护上也有所欠缺，导致当地的乡村旅游扶贫指导思想没有结合当地的政治、经济和社会建设需求。由于忽视了社区健康运营的要求及居民自身发展的诉求，没有在产业与社区之间建立起互惠互利、合作共赢的关系而造成生态环境污染，经济秩序混乱，文化传统扭曲等一系列严重后果。

六、社区居民参与乡村旅游扶贫

在旅游扶贫社区参与机制中，扶贫中的"扶"体现了驱动力的特点，社区参与系统又有一定的结构和内容。由此可见，旅游扶贫社区参与机制之所以能够运行，源于具有保证其功能实现的内在途径与外在动力，是一个完整的有机系统。

（一）社区居民参与的内在途径

要真正体现社区居民有效参与旅游发展，确保预期目标的实现，就需要社区居民渗透到旅游发展中的各个环节，具体来说，可以从以下几个方面进行，

1. 社区居民参与旅游发展决策

社区居民参与旅游发展决策，是指社区居民以积极主动的态势参与到社区旅游发展建设的一系列战略制定中，如参与社区旅游具体目标的讨论并提出合理化建议，对交通运输、环境绿化、卫生事业等基础设施建设提出期望与诉求，主动提出旅游发展中可能会遭遇的困难，并督促社区将合理化的意见纳入决策层中。居民参与社区旅游发展规划成为一项最重要的参与内容。

发展乡村旅游的前提是旅游资源，包括自然景观和人文资源，而作为本地区文化传承者和发扬者的社区居民则成为人文旅游资源的重要组成部分，这也是社区居民参与旅游发展决策的一个重要原因。

利用好社区的人文旅游资源，开发互动性强的旅游产品，增强社区居民的认同感，有利于社区文化的传播和传承。此外，社区居民是社区的主人，与旅游规划的实施密切相关。换言之，旅游地如果能充分吸纳社区居民的规划意见，使社区居民成为真正的受益者，促进居民对旅游产业发展的支持力度，并积极尝试介入操作性更强的旅游活动中来。让居民参与到社区旅游发展的实际问题与决策中，在规划中体现居民的意向和需求，是社区发展目标与旅游业发展目标的有效融合渠道，也是加强规划合理性的有效途径。

2. 社区居民参与旅游产业的经营与管理

带领贫困人群脱贫致富是旅游扶贫开发工作的最终目标，居民获得经济收益的来源是参与旅游业的经营管理，这也是居民参与的主要途径。社区居民参与旅游经营管理主要包括两个层面：直接参与和间接参与。

直接参与包括参与旅游产业相关的经济活动，通常是将相应的旅游产品和服务提供给旅游产业的经营者，如宾馆酒店、农家乐特色餐饮、土特产购物商店等。参与提供有偿旅游服务，如地方导游服务、旅游景点交通服务、旅游地人工景点娱乐活动服务等。

间接参与包括参与旅游市场需求调查、旅游商品的设计、旅游社区营销、旅游企业的管理等。旅游产业的高关联性能为社区居民提供就业机会和商业机会，使其直接获得经济收益，同时也加强了居民对社区认同感和主人翁的意识。

3. 社区居民参与旅游发展带来的利益分配

社区居民参与旅游发展带来的利益分配是参与旅游产业的经营与管理的结果。但这里的利益不单纯指经济利润的分配，更多的是指社区居民能否优先获得就业机会和商业机会。在多数贫困社区旅游地，居民一般处于自发参与阶段，参与旅游活动主要是单纯提供劳务、手工艺品、土特产品等；而旅游地经营开发商来自外地，聘用的服务人员也来自外地，当地人少有参与，贫困社区并不能在旅游发展中优先获得就业机会，偏离了旅游扶贫战略的主导目标。旅游地的发展离不开旅游基础设施的建设，在贫困社区旅游地尽量多采用当地传统建筑材料，如鼓励居民营造具有当地特色简朴的住宿设施，并自给经营，旅游商品尽量采用具有鲜明社区文化的当地土产或手工艺品，帮助居民获得商业机会。社区政府也应建立相关的制度协调旅游发展中影响利益分配的矛盾，如土地利用方式转变、外来者主导等矛盾。

4. 社区居民参与有关旅游知识的教育和培训

社区行政部门或者旅游企业成为旅游知识教育和培训的主要组织者，其开展的内容主要包括两方面：一方面是面向社区的旅游教育培训，目的是增进居民对旅游的认识，提高居民素质，培训内容一般包括旅游的基础知识（如从事旅游业的职业道德教育）、旅游接待知识、旅游地的消防安全知识、生态环境保护的概念及相关法律知识的普及；另一方面是面向社区的实用技能培训，目的是提高居民在可持续旅游发展中的生存技能，增大受益面。

5. 居民参与社区文化的维护与传承

从人类学的观点来看，社区居民是文化的携带者，而旅游是发生在社区与社区之间的活动，旅游者穿梭于不同社区的同时也带来了不同社区文化的交融和碰撞。旅游客源地与旅游地经济差异越大，文化差异越明显，强势社区的文化就越容易被居民主动吸收，渗透到社区的精神、物质文化层面，逐渐导致传统文化的失真甚至消失。旅游地社区的传统文化是社区人文旅游资源的重要组成部分，也是居民对社区认同感维系的纽带。因此，居民应有意识地参与文化的维护与传承，如保留传统特色民居、继承传统手工制作工艺和传统食品制作方式，维系社区原生淳朴的真实形态。

6. 居民参与社区生态环境保护

天然的自然风光，良好的生态环境是社区旅游发展赖以生存的物质基础，是构成旅游地吸引力的关键因子。社区旅游的发展不可避免地会对社区所在地的生态环境带来一定的消极影响，如人为建造旅游基础设施带来的水土流失和植被的破坏；资源消耗和污染物排放的增加带来生态环境的恶化；游客、机动车辆的激增超出了生态旅游地的环境承载力,对生态环境带来不可逆的损害。社区居民是社区旅游发展的主要受益群体,也是旅游发展负面影响的直接承受者。因此,居民应积极主动地发起及参与到环境保护的行动中,如设立环保的警示牌,参与建设绿化工程和排污工程等;在热门景点处引导游客分流,减轻环境承载力的压力,从而促进旅游产业长远发展。

（二）社区居民参与的外在因素

1. 经济利益因素

脱贫是贫困社区居民的最大心愿,旅游发展带来的经济收益是激发公众参与的驱动力。居民在旅游业发展中获得经济利益一般来说有以下两种途径：

（1）"自产自销式"。利用自家宅基地建造宾馆、农家乐、农产品销售点等,或有特色的农、林、畜、牧资源用于旅游开发后,当地居民需要转变生活方式,不能再像从前通过农业、林业来维持生计,而应该寻求新的发展机遇,促进社区居民参与旅游的发展程度,用本地人的身份优势给外来者提供向导服务、交通服务。

（2）"就地就业式"。旅游业是劳动密集型产业,产业关联性强,旅游的发展带动了与旅游活动要素相关的产业发展,最直接的影响就是给社区增加了就业机会,使得生产资料不足,能力贫困的家庭有机会通过就业参与到旅游业的利益分配中。无论是何种途径,旅游业发展给居民带来的经济利益较为显著,居民通过参与旅游获得应得的利益,于是迅速转变态度,积极主动参与到社区旅游发展。

2. 政府调控因素

扶贫一直是政府重要的民生工程,以山东省为例,在2014年至2018年期间,山东省财政投入专项扶贫资金76.45亿元,加强扶贫资金投入力度,优化资金支出结构,将涉农资金主要用于脱贫项目中。2017年,山东省共投入扶贫开发资金157.58亿元;截止到2018年4月,全省共投入扶贫项目资金115.36亿元,其中包括57.26亿元专项扶贫资金,58.1亿元行业扶贫资金,在资金上给予脱贫项目最大限度的保障。

政府调控,作为社区参与的外在动力因素,其原因包括三个方面：

（1）旅游业广泛的带动性为社区提供了持续不断的就业岗位,有效转移了农村大量剩余劳动力,农户参与到旅游发展增加的收益,进一步缩小了与城市居民的收入差异。

（2）在旅游开发中，旅游地的相关配套设施占用了部分农户的耕地，部分农户需要以土地入股或者通过土地补偿退耕还林，失去土地的农户迅速加入旅游产业中，以第三产业逐步取代传统农业，随着乡村旅游的发展，第三产业的重要性也越来越凸显出来，促进了农村社区产业结构的优化，从以农业经济为主的贫困落后社区逐步跃升为以第三产业为主的现代文明社区。

（3）大量纷至沓来的游客基本都是来自较发达的城市社区，他们的着装打扮、举止表情和行为方式都在传递信息，农户在与游客的交流中会潜意识地接受和模仿，更新观念，接受不同的思维方式。剩余劳动力的转移、社区产业结构的优化、居民意识的演变都有助于打破传统的城乡二元格局，加速就地城镇化，城乡一体化的进程。

在意识到旅游业给贫困社区带来的诸多带动效应后，政府也在旅游开发的初期加大引导调控的力度，制定旅游征地的补偿制度和一系列政策，降低旅游投资开发商的入驻门槛、制定旅游发展规划、利用扶贫项目资金建设旅游公共服务设施等，让社区真正地参与到旅游发展中，所以政府的调控和引导是社区参与旅游扶贫机制正式运转的卓有成效的动力引擎。[①]

3.社区发展的推动因素

此处的社区指的是包含社区居民以及社区生态环境的大概念下的社区。在旅游开发中，因为征用农户土地、退耕还林、保护珍稀动植物资源等举措都会促使农民转变曾经依靠耕地、维持生计的生活方式，直接参与到社区旅游活动中，更是以外部利益相关者的身份出现，旅游的过程就是旅游者花费一定的金钱购买能满足自己需求的旅游产品，并获得满意的体验及服务。这种需求的日趋复杂多样，有利于社区开发和研究旅游新产品，促进社区旅游长远发展。由此可见，旅游者看似不影响社区发展旅游的过程，但旅游者的行为趋向影响着社区旅游发展的前途和命运。旅游者是旅游企业的利润来源，旅游者在体验旅游产品后的口碑和评价，会影响到潜在旅游者对同样产品的选择和购买，进而影响到旅游企业的发展。

---

① 张春友，陈秋华，刘森茂.农户参与乡村旅游扶贫适应性评价指标体系研究[J].林业经济问题，2019，39（6）：607-614.

第二节　新时期下乡村旅游扶贫

作为新时期扶贫开发的重点工作，乡村旅游扶贫不仅是实现旅游供给侧结构性改革的重要途径，同时也是平衡区域发展和减小城乡地区差别的重要渠道。对经济落后的乡村地区来说，开展旅游扶贫不仅使资源得到了开发利用，而且也为贫困人口的脱贫致富带来了新机；旅游扶贫的重要内容应该是"扶智"和"扶能"，要"扶"到贫困地区的每一个居民。目前，中国的时代背景跟以前大有不同，全面建成小康社会成为 21 世纪的重要目标，大众旅游和智化旅游成为深化供给侧结构性改革和引领经济发展新常态的重要渠道。所以贫困地区要抓住机遇、挑战自我，大力发展乡村旅游产业。旅游产业结构的不断完善是乡村旅游扶贫开发重要前提，为了更好地满足旅游者的消费需求，最大程度地发挥旅游的经济价值，当地居民应该利用特有的自然与人文资源，通过创新消费方式、提高投资力度、完善信息服务等举措，提升经济效益及社会效益，弥补农村地区发展短板，早日实现共同富裕。

一、全面建成小康社会下的乡村旅游扶贫

（一）全面建成小康社会下的乡村旅游扶贫内涵

全面建成小康社会是党和国家对人民群众的庄严承诺，也是全体人民的梦想和目标。全面小康是指小康生活应该涉及每一个人；消除绝对贫困是全面小康社会贫富差距的底线，让每一个公民活得有尊严。1978 年以后，我国贫困人口比例减半，是首个实现联合国千年发展目标的国家，不仅为世界绝对贫困人口的下降做出了重要的贡献，而且也取得了举世瞩目的成就。但由于历史和现实等多方面的因素，我国贫困地区的发展没有从根本上解决主要矛盾，贫困现象依然很严重，甚至有些特困地区人口的生活水平大大低于我国现在实行的扶贫标准，所以我国全面建成小康社会的"短板"依然是贫困问题。

据统计，截至 2018 年年底，全国农村贫困人口总数为 1660 万，较上年同期减少 1386 万人；贫困发生率为 1.7%，同比下降 1.4 个百分点。这些贫困人口大都分布于偏远的农村地区，人口居住不集中，基础设施建设较弱，公共服务落后，这也直接形成了扶贫难度大和成本高的问题。除此之外，这些地区的贫困人口不仅受教育的程度偏低，而且自我发展的能力较低。针对以上问题，新时期的乡村

扶贫工作应该从全面发展的角度出发，加大开发力度，早日使这些贫困人口走上脱贫致富的道路。中国在过去的30年里属于绝对贫困阶段，若是以目前贫困发生率来看，在2020年中国贫困县将基本消除，进入减少相对贫困人口的发展阶段。

目前，粗放扶贫已经告一段落，剩下的贫困人口可以说是"贫中之贫、困中之困"。因此，精准扶贫成为消除绝对贫困的重要手段，脱贫攻坚战作为全面建成小康社会的重中之重，其艰难程度可想而知。为了消除绝对贫困，各地区各部门要加快推进扶贫进程，充分发挥政府的主导作用，将扶贫攻坚作为经济社会发展的战略性任务去谋划实施。

贫困地区的相关部门可以提供资金、技术以及人才等多方面的支持，加强贫困区的基础设施建设，增强贫困区发展的内在动力，培训贫困区居民的自我发展能力。从实际出发，根据不同贫困区的需要来制订不同的扶贫攻坚方案，做到因地制宜、合理开发。比如，对于整体生存环境极度恶劣的地区，可以劝说集体移民并做好安置工作；对于住房条件极差的贫困地区，可以进行危房改造；对于产业基础薄弱的地区，可以进行产业结构优化升级；对于教育条件落后的地区，不仅要改善教学设备还要配备良好的师资力量。通过这些举措全面落实扶贫战略，引导贫困人口逐渐走出困境，提高生活水平，进而如期实现第一个百年奋斗目标。

（二）全面建成小康社会下乡村旅游扶贫的调控与引导

乡村旅游扶贫是指为了提高贫困地区居民的生活水平和当地财政的收入，研发当地丰厚的旅游资源，开办旅游经济实体，把旅游产业发展成贫困地区的重要产业。提高乡村经济水平的重要途径就是发展旅游业，经过多年的经验可以看出，旅游扶贫可以使贫困地区的生活水平得到有效发展。旅游扶贫的"贫"指的是相对贫困而不是绝对贫困，"扶"是根据旅游市场的需求而存在的，其依存于市场运作又要超越市场运作。在我国，"旅游扶贫"对扶贫攻坚之路和旅游发展之路有着重要的作用。

1. 宏观调控

国家政府相关部门对贫困区要进行宏观调控，从顶层设计理念出发为乡村旅游扶贫工作指明方向、做出引导，以弥补我国全面建成小康社会的短板，早日实现共同富裕。目前，旅游扶贫不仅使中国很多贫困地区居民的生活水平提升，而且使部分贫困地区开发出更高层次的旅游胜地；除此之外，给贫困区注入了新的经济活力，带动了其他产业的快速发展。在现代社会中，旅游扶贫在中国发展中起着重要的作用,具有明显的优势,已是我国扶贫攻坚的生力军。

政府部门可以通过设立旅游发展基金补助贫困乡村地区旅游发展,除此之外,还可以通过人才培训、干部交流等方式,不断地给予人才和技术上的支持,通过制定相应政策,鼓励有关的专家和团队为乡村旅游提供营销策划、项目建设、市场研发、经营管理等方面的专业指导。政府部门要充分发挥自身的主导作用,利用行政、经济以及法律结构对乡村旅游扶贫项目开发进行宏观调控。

2. 主动引导

为了我国能够如期建成全面小康社会,科学引导是当地政府对贫困地区的必要措施。大力发展旅游业,不断地提高贫困地区居民的生活水平,引导他们主动发现更多的就业与创业机会,使乡村地区改变原有的落后面貌,建成社会主义新农村。

贫困地区经济落后主要是由产业结构不合理引起的,由于地区的封闭性,以农、林、牧、渔为主的第一产业一直以来都是贫困地区赖以生存的主要手段,在产业结构中占绝对比重,第二产业和第三产业占比非常低。在此背景下,发展乡村旅游业可以优化整个地区的产业结构,为经济增长提供更加科学的方法与手段。为了实现旅游扶贫,政府可以从以下几方面着手:第一,积极制订旅游扶贫规划方案;第二,鼓励贫困地区居民积极参与;第三,利用本地区特有的优势资源开发特色产品;第四,引进优秀企业与农户进行合作;第五,完善基础设施,推进公共服务设施、乡村道路工程以及生态环境工程的建设;第六,研究多种模式、多渠道推进旅游扶贫等。

为了更好地推进乡村旅游扶贫,实现全面建成小康社会的战略目标,有关部门应该做到以下几点:

(1)精准识别贫困对象,这是精准扶贫的前提。有关政府部门应该主动调查明确本地区现有的资源状况以及经济概况,划分贫困村、贫困户层次,做到"对症下药"。对此可以采取四大步骤进行分级:第一步,调查本地区贫困情况,收集贫困相关资料,根据贫困地区的实际生活情况,利用合法有效的途径将贫困村和贫困户识别出来;第二步,当地贫困居民根据自身意愿提出申请旅游扶贫,当地政府要向居民宣传旅游扶贫内容,居民了解后有意向地提出书面申请;第三步,政府对贫困户的申请进行筛选分级,综合家庭经济条件、文化水平等多方面情况评选,再将其分成一般贫困和特别贫困;第四步,建档立卡,经过村委会、乡政府、县政府的评议后,对贫困户要建立档案、发放贫困卡,方便后期实施旅游扶贫计划。

(2)大力提倡动态管理,贫困户"一户一档"档案的建立是"一户一档"方案实施的重要前提,档案主要包括四方面内容:第一,了解当地贫困居民的基本情况,按照一定的标准建立贫困户精准扶贫明白卡;第二,完善贫困户申请资料、发放贫困居民对旅游业发展意向书,分析扶贫旅游业在贫困区发展的规模;第三,收集居民相互评价的记录、精准扶贫"五评"审核表、干部登门拜访的照片,完善贫困居民的相关信息;第四,建立贫困户信息管理平台,将统计到的信息录入管理系统,使信息公开化、透明化,实施"动态管理",以实现脱贫致富的目标。

(3)严格执行脱贫销号程序,严格遵循三个步骤:初步确定脱贫户;按层次进行筛选分类;逐渐消除"贫困"称号。根据贫困人口脱贫标准,挨家挨户评估脱贫的实际情况,要能够严格执行程序,坚持公开、公正、公平的原则。

(4)加强巩固脱贫,做好善后服务工作。对提前脱贫的贫困村和贫困户,夯实基础建设,实行"扶上马、送一程";对还未脱贫的贫困村和贫困户,也要做好基础工作,一步一个脚印,不能操之过急。在2020年前,保持现有的投入力度和扶持政策,坚持做好扶贫旅游业的发展工作,相信我国贫困地区很快就能脱贫致富。[1]

二、供给侧结构性改革下的乡村旅游扶贫

(一)供给侧结构性改革的内涵

为了促进经济发展、提高社会生产力水平,必须深化供给侧结构性改革,这种改革对经济发展的促进是在竞争力的提升与生产力的解放下进行的,入手点主要是供给和生产端。2015年11月,习近平总书记主持召开了中央财经领导小组第十一次会议,并在亚太经合组织工商领导人峰会上进行了相同的发言,总书记认为不应当片面追求总需求的扩大,而是要加强供给侧结构性改革,提高供给体系质量和效率。

深化供给侧结构性改革要以提高供给体系质量为出发点,协调好供给侧和需求侧,从而扩大有效供给,进行合理的要素配置,使供给能够在需求的变化下灵活改变,促进全要素生产率的提高,最大限度满足人民需求,持续推进经济社会

---

[1] 冯凌. 新时期旅游产业创新发展研究[M]. 北京:旅游教育出版社,2011.

健康发展。在有效供给与利用土地、资金、劳动力等生产要素进行制度改革的前提下大力推动结构性优化，提高生产力水平，探索经济增长新动力，促进本地区协调发展，为深化供给侧结构性改革寻求更多的突破口和着力点。

供给侧结构性改革的重点在于解决日益突出的结构性供求失衡矛盾。在我国的经济运行中，许多突出矛盾与现象不断地暴露出来，这些现象都是供给结构和需求结构的差异造成的。阻碍我国经济持续增长的最大原因已经被认定为是供需错位，在这种情况下，传统的中低消费产品生产过量，而高质量的产品又生产不足。供给侧改革在这种矛盾的格局下有了两大任务：一是释放资源要素，使其脱离发展滞后的产业；二是将更多的资金、技术、金融与劳动力输送到朝阳产业这样的中高端消费服务当中。通过提高产品质量和服务质量，逐步满足消费者日益增长的消费需求。

在新时期，供给侧结构性改革将机遇与挑战带给了旅游业，旅游业不断提升自己，成为促进社会就业与推动经济增长的力量。在旅游产业内，旅游供给侧改革是十分重要的。只有旅游产业结构更加科学，资源才能够被盘活整合，旅游创新意识才能得到加强。旅游产业主要以服务业为主，旅游产品的打造应该以为游客提供更好的服务为宗旨，使游客需求得到最大限度的满足，以此实现旅游的经济价值与社会价值。

（二）供给侧结构性改革与乡村旅游扶贫

供给侧结构性改革是一项重大的战略决策，国家实施这项政策，目的在于促进小康社会的全面建设，使资源的配置效率得到提高。这是一项具有前瞻性和创新性的政策，能够指引乡村旅游的扶贫工作。

1. 正确认识乡村旅游与扶贫的关系

发展乡村旅游扶贫，就是在乡村地区发展旅游业以达到脱贫致富的效果，其中，战略目标是扶贫，工具与路径是旅游发展，但二者的属性与功能是不同的。乡村旅游是遵循资本运作基本规则的经济工程，它的主要特点是最大限度提升经济效益，能够使得乡村地区的经济发展得到大幅度提升，但是如果完全依靠市场发展规律进行运作，可能会加大乡村地区的贫富差距。扶贫是以共同富裕为理论基础的政治任务、民生工程，应该以公平为原则，让所有贫困人口都能获得平等参与、共同发展的机会。可以说，政府需要对旅游发展的供给方面进行一定的约束，不可任由市场规律纵横，导致过大的贫富差距，达不到扶贫的效果。在扶贫与建成小康社会的最后一个阶段，扶贫的重点是不容易脱贫的人群。因此，想要寻找旅游扶贫的路径，就必须正确认识乡村旅游与扶贫的关系，促使二者相辅相成。

2. 供给侧改革对乡村旅游扶贫的指导作用

乡村旅游扶贫在供给侧改革政策的推进下明确改革方向，拥有了战略指导。乡村旅游扶贫是在发展乡村旅游产业的情况下实施的产业扶贫战略，政府应当对乡村旅游产业的资源进行有效的配置，同时将市场机制引入改革当中，使其能够更快适应日益多元化的市场消费；政府规章制度与公共政策供给应当明确地规定乡村旅游的扶贫目标，达到精准乡村旅游扶贫的效果。换句话说，实施规模化的经济效益，利用乡村旅游产业深化供给侧改革的同时，也应当在政治与社会层面上精准地确立乡村旅游扶贫的目标。可以看出，在供给侧改革实施下，乡村旅游发展拥有了需求市场的发展战略指导，同时，供给侧改革也能够调节政府与市场的关系，确立改革的方向，将更加精准的方略以及路径提供给乡村旅游扶贫发展。

综合来看，在实施供给侧改革的战略下，在具体的实施过程中，乡村旅游扶贫要做到市场调节与宏观控制相结合，不断创新产业发展结构，实现资源效益最大化，最终达到扶贫目标。

3. 乡村旅游扶贫有赖于供给质量

若想实现乡村旅游的扶贫就一定要精致地发展乡村旅游产业，提高供给体系质量。乡村旅游扶贫实现的基础是发展壮大的乡村旅游产业，在新时代，游客有了更高的乡村旅游消费需求，乡村旅游的产品也将在这种情况下变得更加精致。乡村旅游的生产长期以来都是单一结构，规模也较小，因此，产品的精品化、规模化和集约化是发展的需求。此外，乡村旅游产品形式过于单一，不具备精品的特征，水平较低，多是模仿生产，这使得乡村旅游产品难以形成自身特色，旅游产业难以转型升级，同时也对乡村旅游扶贫的功能性有了一定程度的影响，游客的高消费需求也得不到满足。

新时代的特点给予了乡村旅游供给深远的影响。在自由的时代，旅游是无边界的，这在更高程度上要求乡村旅游服务和公共设施的全面发展；在"互联网+"的时代，乡村旅游急需转型。因此，供给侧的质量要求变得更高，需要大力对商业模式进行创新，拓宽产业链，利用互联网进行产业整合，探讨网络化的经营与管理模式。面对网络化时代，乡村旅游产业被要求具备更高的创新要素，对产品进行创新。因此，为了充分发挥旅游资源优势，带动乡村振兴，乡村旅游发展成为必需。实现乡村旅游发展首先要正确判断新时期下旅游产业将会面临的机遇和挑战，明确发展方向，通过制定阶段性发展战略，提升资源配置效率，以此带动乡村旅游产业的转型升级。

4. 乡村旅游扶贫有赖于供给创新

扶贫精准化程度的提高是实现乡村旅游扶贫的关键。要提高扶贫的精准化程度，就一定要对精准化的制度进行设计，创新扶贫政策。产业性和经济性是乡村旅游的特征，扶贫目标的实现并不会成为唯一的关注点。乡村旅游经营的主体通常是开发商或具有一定经济基础的村民，在旅游活动中，贫困人口往往不会被带动；同时，旅游发展带来当地物价上涨，这依然由贫困人口承担；旅游的发展又会带来环境的恶化，贫困人口将会更加困难。如果仅仅利用市场的机制进行引导，缺乏政府层面的宏观调控，在开发乡村旅游产业的过程中贫富差距可能会越来越大。因此，政府要想实现共同富裕的社会主义道路，就一定要在政策和规章制度方面对乡村旅游发展进行引导，实现精准扶贫。

具体来说，想要精准识别旅游地区的贫困人口，就一定要对贫困的主要原因进行探寻，不同的原因进行不同的帮扶，帮助不同的贫困人口找到最适合的脱贫途径。设立旅游扶贫社会保障机制可以使得不能参与旅游发展的弱势群体利益得到一定保障，能够再分配旅游带来的经济利润，设立乡村旅游社会保障基金可以保障弱势群体的小康水平生活，部分缺乏启动资金但却有能力进行产业发展的人员可以在政策的支持下发展旅游业活动。另一方面，可以将培训服务提供给那些不具备旅游服务相关技能的人，使其能够在旅游业中奉献力量。扶贫政策有效且精细化的供给是想要达到这些目标所必需的要素，政府应当加强自身的责任意识，精准地对乡村贫困人口进行帮扶，使发展带来的利润能够向贫困人口流动。

供给侧改革为乡村旅游扶贫和乡村旅游发展带来了改革上的机遇，但扶贫功能和扶贫效果并不会自然地受到乡村旅游开发的关注，因此一定要认清乡村旅游与扶贫的关系。进行供给侧改革时，既要满足游客高质量的需求，使乡村旅游服务能够提质增效，推动扶贫进行，又要精准地对扶贫政策进行供给，对贫困人口进行精准识别，实施相应的措施，设计出最适合的乡村旅游创新制度，达到精准扶贫的目标和效果。[①]

---

① 罗敏.新时期旅游产业发展与变革[M].北京：北京工业大学出版社，2019.

三、新常态下的乡村旅游扶贫

（一）新常态的内涵

所谓新，就是和旧的东西有所不同的地方，通常情况下用常态来定义固定状态，而新常态是指事务发过程中由非正常状态转化为正常状态的过程。人类社会发展遵循的就是从常态状态向非常态状态发展的过程，最终非常态状态又会进入新常态状态，人们的社会认识也是在这个过程中不断地否定，然后再上升。目前，中国经济开始步入了新常态，这和过去三十年截然不同，是经济结构深度调整和经济下行压力的双重新常态。

在这一环境下，国内经济社会发展为旅游业发展创造了新的机遇。旅游业能够推动内部需求发展，加强经济增长，减少贫困现象，是一项惠民惠国的重要产业。所以，加快创新旅游管理体制的建立、加强对旅游市场的规范、创造新的旅游经济增长点、推进现代旅游产业的发展等都是非常有现实意义的举措，有助于为世界人民提供更加便利、舒心、安全以及文明的旅游体验，也有助于提高中国人民群众的生活水平，促进中国经济的发展。

目前，国内的经济增长速度有所下降，而面对经济增长转型的出现，新常态的提出就更加理所当然，其是适应社会发展的一项重要措施，这是中国特色经济发展模式的特点，是中国未来经济发展的方向性指导。在旅游扶贫项目中，要贯彻经济发展新常态的相关理论知识，这样才能提高旅游产业质量和效率，进一步为旅游行业的规模扩张和正规化发展提供助力。旅游业发展不能和可持续发展理念相背离，因此，旅游资源的开发和商业化过程要有所节制，以不破坏生态环境为基本前提。加强大众旅游发展的力度，吸引所有的民众参与到旅游中来，从而大量增加旅游需求量，将中国打造为一个旅游强国。

（二）新常态推动乡村旅游扶贫

国内旅游行业正面临着日新月异的发展，这一背景下有利于新常态下旅游经济地位的巩固和强化。旅游消费方式呈现出个性化和多元化发展趋势，乡村旅游的扶贫特征表现为新理念和新发展观念。引进乡村旅游资金，发展和壮大旅游创新创业，在旅游业的带动下，促进当地乡村经济的发展，从而尽快地带领乡村居民达到脱贫致富的目标。

1. 新常态推动乡村旅游创新创业

受国内新常态的经济发展形势影响，工业战略性新兴产业和高科技产业具有较大的发展前景，不过却存在较高的就业门槛和较少的就业需求等不足之处。旅游业的发展则有所不同，它具有以下优势：大量的就业需求、较好的经济带动性、较快的经济增长、灵活的方式、较多的类型和层次等，不仅能够激活更多的创业新领域，还能为人力资源开发带来新的方法和渠道。旅游业的发展可以很好地消化农村剩余劳动力问题，这种扶贫方式具有较低的成本、较灵活的方式、较广的受益面和较强的拉动性等特征，其扶贫效果非常显著，特别是对大学生、妇女和农民工群体就业提供很大的帮助，能够提高社会创新创业的积极性。旅游创新创业的深入发展将给乡村扶贫开发带来新的发展机遇。

业务组合创新的方式是比较适用于贫困乡村地区的旅游扶贫开发的一种方式。既要加强对居民生活环境和社会环境的改善和提高，也要对地区特色和文化差异进行突出和体现，从而促进不同资源之间的分工协作和共享发展，将乡村旅游的良好态势予以常规化，实现旅游产业的特色化和多元化发展。乡村旅游扶贫实现业务模式创新，能够更好地整合和集成各种优势资源，为旅游产业提供新的服务产品和旅游产品。在这个过程中，不断完善和改进乡村旅游服务链，创造多种旅游业态发展，对旅游者的体验给予高度重视，打造旅游口碑和信誉，这样才能加强乡村旅游品牌的建设，为乡村旅游产业的规模化发展打下基础。

2. 新常态促进乡村旅游投资

国内旅游正面临着新的发展时期，这一时期的特征在于具有成熟的投资运营者和市场发展前景。人们也越来越重视乡村旅游开发，这为乡村旅游发展带来了全新的机会。在这一利好环境下，应该通过加强标准旅游接待能力，提高旅游档次等措施来形成具有地区特色的乡村旅游产品。这对旅游业的全面发展有很大的促进作用，使其不会受限于低行的经济压力、经济增长过缓等不利因素。

推进乡村旅游扶贫产业的发展最终是为了带动现时产业发展和持续改善社会生活环境，挖掘乡村旅游开发的融资途径、融资结构、融资能力的价值，减少融资成本的投入，实现旅游业态的盈利和规模化发展，将国内的旅游投资热门重点放在乡村旅游扶贫上。目前，大部分旅游扶贫点的投资规模非常有限，旅游景点、接待地区的基础设施建设都只是对农民、牧民日常的生活环境做简单的装修和改造。所以，加大乡村旅游扶贫开发的力度，最大限度地引进资本，实现村民的整体富裕具有重要意义。

3.新常态利于发挥旅游带动作用

在新常态形势下,旅游业的带动作用具有非常重要的现实意义,旅游业发展能够有效地带动农村其他产业的全面复苏和发展。旅游业的综合拉动性和关联带动性是很强的,有较好的扶助作用以及较广的受益面等优势,通过旅游产业来实现扶贫目的是具有可行性的。乡村旅游行业的发展和壮大,能够帮助更多的乡村居民顺利就业;乡村旅游行业高度结合农家乐休闲旅游、观光农业以及乡村游等形式,促进了第一产业和第三产业的融合,带动乡村其他产业的迅速发展,调整农村产业结构,加速城乡人口流动、信息流动和资金流动,全面体现以城带乡、以旅助农的重要作用,让农民真正获得收益,带领农民走上脱贫致富的道路。①

四、全域旅游下的乡村旅游扶贫

(一)全域旅游的内涵

1.全域旅游的含义

"全域旅游"是指在特定区域中,通过旅游业发展优势产业的经济模式。旅游业在区域中占有很大优势,通过对区域内相关旅游资源的配置、产业的布局、生态环境的保护、公共服务的开展、政策法规的颁布、相关机制的完善以及文明素质的发展等来实现区域的全面定位、发展和提升,实现区域内产业发展、社会繁荣、资源合理利用,将旅游业作为支柱产业,协同发展区域经济,形成新型的发展模式和理念。

全域旅游的发展还可以带动其他各个行业的发展,有利于全域居民共同参与和共同作用,将更全面的旅游产品体验带给旅游者,为旅客打造个性化的旅游体验。全域旅游的主要目标不再是旅游人次的不断增长,而是致力于提升旅游质量,从而改善居民的生活品质和精神需求,这将是全域旅游的价值所在和意义所在。

详细地来说,全域旅游的本质是传统的观光旅游转变为休闲度假式旅游,通过地区个性化特色来提供相关的公共服务、营造休闲氛围、打造生态环境、吸引旅游人群、创建城市特色等,充分发挥区域资源的整合和集成作用,充分调动和发挥区域的各个旅游要素,将全时空、全过程的体验产品提供给旅客,从而让旅游对当地的公共休闲有深入的体验,促进区域旅游产业向新型城镇化建设发展。

旅游治理理念和治理机制的变革是全域旅游发展的核心问题,《国务院关于

---

① 舒小林.新时期民族地区旅游引领产业群精准扶贫机制与政策研究[J].西南民族大学学报(人文社科版),2016,37(8):130-136.

促进旅游业改革发展的若干意见》中就明确表示：旅游业改革发展是由人民群众消费升级和产业结构调整的需要而产生的。旅游经济理念的转变将成为未来旅游行业发展的重要趋势，区域旅游也将促进中国发展成为旅游强国。

2. 全域旅游的主要内容

从整体上来说，全域旅游发展由以下四个主要内容构成：

（1）景区泛化的"大旅游"。这一形势是由传统旅游现状所决定的。首先，传统旅游中，人们大部分都会在旅游旺季时将旅游点定位至有名景点，这造成了景点的过重压力，旅客的舒适度也大打折扣，这导致人们逐步将眼光放在乡村、商业街以及城市旅游休闲项目上；其次，旅游者的兴趣爱好产生了较大的变化，加上受日益加剧的生活压力影响，人们的时间更加碎片化，这就导致人们对旅游目的地的选择更加多样化，交通的便利也让人们旅游选择的空间更为广阔，因此，旅游发展的趋势是空间全景化。

（2）国民休闲的"大市场"。人们的旅游需求越来越向着深度体验发展，这也就对旅游产品和服务提出了新要求，继续采用传统景区化的模式将无法适应旅客体验需求的发展，这就为旅游活动新空间和新内容的出现创造了条件，体验全时代、休闲全民化、空间全景化的全域旅游产业的出现也就顺理成章了，从而更好地满足了人们不断变化的旅游体验需求。

（3）产业升级的"大产业"。现代服务业中，旅游业的作用和地位越来越重要，它既具有生产性服务业的属性又具有生活性服务业的属性，从而在产业升级中表现出了巨大作用。所以可以采取出游型消费经济的模式来带动所有产业的融合，加强泛旅游产业的全面发展，这将对产业升级和附加值的体现产生重要作用。

（4）顶层设计的"大政策"。《国务院关于加快发展旅游业的意见》明确表示：旅游业的未来发展目标将是成为国民经济的战略性支柱和现代化服务业，将旅游行业定位为旅游事业和旅游产业。也就是说，旅游事业和旅游产业要两手抓，两手都要硬，若是只重视旅游事业，将不利于突出旅游业在国民经济中的地位，若是只重视旅游产业，就不利于旅游业社会影响力的发挥。全域旅游将打造一个全时代消费、全业化融合和全景化体验的旅游行业，对旅游产业和旅游事业进行了充分融合和共同发展。

（二）全域旅游推动乡村旅游扶贫

1. 全域旅游与乡村旅游扶贫协同发展

在全域旅游理念下，旅游发展形成了新的发展局面。这是一种全新的旅游理念，能够充分发挥出区域内的旅游资源优势，从而有效带动该区域其他经济社会的发展。全域旅游突破了对旅游的景区和企业界限，引导全民参与平台建设，旅游业的参与者、共享者和受益者可以是区域内的居民，还可以是区域内的贫困人口等。所以说，全域旅游有效地整合和集成区域内的各种旅游资源，加强了旅游的体验，将旅游上升到扶贫项目的高度，带领区域内所有居民走上脱贫致富的道路，体现旅游发展的社会意义，使其成长为产业扶贫的重要力量。换句话说，全域旅游还可以作为一种扶贫手段，和教育扶贫、交通扶贫共同为扶贫工作做出重要的社会贡献。全域旅游的发展也将和乡村旅游扶贫共促共进，协调发展。

首先，乡村旅游扶贫项目是建立在全域旅游理念的基础上的。全域旅游理念将旅游资源的整合放在了更为广阔的空间，这有利于基础设施的改进和完善；全域旅游理念对旅游产业资源的组合和空间布局进行了优化，对旅游产业的发展能力和服务能力的提升都有着重要的作用；全域旅游理念对旅游设施进行完善也是非常有必要的，不但可以加强旅游基础设施的共享和共建，还能对旅游治理结构进行完善和改进，从而为旅客提供更加便捷和安全的出行方式。全域旅游中提出的"旅游+"理念也促进了旅游产业和各个产业的高度融合，扩展和更新了旅游产业链条。这些都将是乡村旅游发展的未来趋势所在，可以吸引全民参与到乡村旅游扶贫项目中来，将旅游发展条件覆盖到每一个低收入群体，这对乡村旅游扶贫的精准性和针对性更具意义。

其次，全域旅游的开展有赖于乡村旅游扶贫事业的发展。目前，政府部门出台了相关的政策，对乡村旅游扶贫项目进行强有力的支持，乡村旅游扶贫事业不再仅仅关系到乡村地区的经济发展，更是对贫困人口进行精准帮扶的重要手段，不断扩展乡村旅游受益人，推动全域旅游的发展。全域旅游对旅游环境的建设也是建立在乡村中已经进行的基础设施的完善和生存环境的改善等基础上的。因此，乡村旅游扶贫的全域实现离不开全域旅游理念的指导，这是其发展的基础和前提，全域旅游的发展也需要乡村旅游扶贫的支撑和扶持，这两者共促共进，共同成长。

2. 全域旅游下实现乡村旅游扶贫的途径

产业联动、共建共享以及协调治理是全域旅游的重要理念，它不但有效地整合旅游和各个产业，缩短了城乡差距，实现了精准帮扶贫困人口。在全域旅游理念的指引下，可以采取以下几种方法来开展乡村旅游扶贫工作：

（1）坚持政府主导。在开展全域旅游开发和乡村旅游扶贫工作中，政府的主导作用不可忽视。它有利于旅游资源的整合，在全域旅游的建设和乡村旅游扶贫工作中不断引入各种要素的投入，有效体现旅游经济价值和经济功能，实现各种社会功能，如帮助贫困人口脱贫，帮助贫困人口真正获得收益等。

详细来说，科学的统筹规划和产业联动是政府主导作用的主要体现，全域旅游的推进以实现区域经济的均衡发展为目标，目的在于改善贫困人口的生存环境和生活条件；协调区域内的基础设施布局，为贫困人口创造更多的创收机会；全域旅游和乡村旅游扶贫提供政策扶持，争取更多的优惠政策，从而确保整个区域经济得到较快发展，帮助更多的贫困人口脱贫致富。所以，乡村旅游的发展和建设过程不能忽视政府的引导作用，其对乡村旅游扶贫事业有很大的帮助作用，也是重要的保障措施。

（2）创新贫困人口的参与方式。全域旅游概念的推广和发展将乡村旅游发展推向了新的高度，使其成为旅游扶贫和全域旅游的基础和前提，统筹安排区域内的各种资源，实现旅游扶贫的目标，对贫困人口参与旅游经济的方式进行重点关注。在旅游经济的各个环节中，吸纳贫困人员是最为直接有效的参与方式，政府的引导作用显得非常重要，吸纳贫困人口在当地旅游事业中提供住宿、餐饮、运输、土特产和手工艺品等服务，使贫困人口参与到乡村旅游事业发展的受益中来。当然，一些新的参与模式的开发也是很有必要的，让贫困人口以房屋、土地入股等方式，也是行之有效的参与到受益中来的手段。

（3）注重保护地方的文化和特色。全域旅游的开展过程中，要特别注意当地文化的保护。这是由于全域旅游发展过程中，文化冲突和文化差异是在所难免的，这种冲突和差异必然有有利的一面，也有不利的一面。有利的一面体现在能够加强乡村旅游扶贫事业的发展；而不利的一面表现在导致地方特色文化消亡。若是缺乏地方特色作为发展前提，旅游将陷入千篇一律的困境，不利于贫困地区特色旅游发展活力和潜力的发挥。

乡村旅游扶贫项目发展越来越深入，有利于旅游业和文化产业的紧密联系，充分挖掘和开发地方文化特色的优势，有意识地保护和传承地方文化，这样才能避免千村一面的乡村旅游问题出现，让每一个村、每一个地区都展示出自己的独特景致和独特魅力。所以,地方文化知识的保护意识也是乡村旅游扶贫事业中不可忽视的问题,加强力度,促进地方文化特色的发展和传承,加强地方旅游形象的塑造,保障乡村旅游长久发展和运营,确保乡村旅游扶贫项目的长治久安。

从全域旅游的角度看,加快乡村旅游扶贫事业的发展要充分发挥出政府主导的作用,积极吸引贫困人口参与,既要将地方的文化和特色融入旅游行业中,也要对旅游基础设施进行完善,这样才能让旅游经济和扶贫事业都获得长远发展,有利于社会的稳定发展,全面建设小康社会。

第三节 乡村旅游扶贫的路径

乡村旅游扶贫被纳入国民经济发展计划以来,已经被实践证明为脱贫的有效手段,旅游扶贫以其受益广泛、带动性强、高关联性以及可持续发展性受到越来越多的关注。作为一个主要的产业扶贫形式,乡村旅游扶贫无论在解决就业或是进行地区产业模式调整方面都具有不可替代的作用,乡村旅游扶贫不仅可以解决经济问题,还可以改善当地人口的工作水平与社会化状况。不同的贫困地区具备的资源禀赋、开发条件与政策背景等都存在差异,如何利用科学的方法有效地进行扶贫项目选择、旅游战略选择以及整体的帮扶管理是整个乡村旅游扶贫实现的核心问题。

一、乡村旅游的扶贫项目选择

(一)乡村旅游扶贫项目选择的可行性

乡村旅游扶贫项目选择是整个旅游扶贫过程能否实现的关键,主要内容涉及选择合适范围与合理结构的贫困地区,并根据其资源情况进行方向的选择。这既是有效开展扶贫工作的前提,也是提高旅游扶贫效率的需要。

乡村旅游扶贫项目选择的可行性分析因素主要体现在旅游资源分析、贫困人口受益分析、政策可行性分析与市场效益分析四方面。

(1)旅游资源分析。在旅游资源分析中,资源的禀赋,包括容量和质量是分析的重点因素,无论是人文旅游资源或是自然旅游资源,其禀赋决定了未来的开发潜力。除此之外,旅游资源还应考虑周边的区域可利用性,最大限度地利用大环境进行项目的拓展。

（2）贫困人口受益分析。贫困人口受益分析中，主要考虑项目开发对产业链的拉动性与劳动力解决的问题，对劳动力解决的深度和广度进行预估，评估其所涉及的贫困地区实际受益情况。

（3）政策性可行性分析。政策性可行性分析中，主要考虑其所存在的政策性大环境，包括政府财政支持、政府开发政策以及政府的贫困扶持策略等。

（4）市场效益分析。市场效益分析中，主要考虑开发对象的市场化可能性与开发效益，未来的收益与开发成本，开发商的项目开发收益等。

进行旅游扶贫项目选择的可行性分析，目的在于对项目进行前期的估量与市场准备，是实现旅游扶贫路径不可缺少的环节。旅游扶贫在经济目的、社会目的与环境目的方面具有自己的特殊性，进行有针对性的筛选可以避免出现旅游飞地的现象，从开发伊始就将开发对象的利益考虑进去，并且在资源方面，通过可行性分析，避免出现产品雷同与市场脱节的情况。

（二）乡村旅游扶贫项目选择的目标

具体到扶贫项目选择的目标，内容涉及贫困地区的旅游资源和人口脱贫两个方面。

（1）旅游资源选择方面。扶贫旅游开发涉及相关旅游资源与其他相关社会资源。旅游开发项目要具备一定的科学性与高效性，注重规划与开发，充分利用当地的各种资源，充实旅游业态、完善旅游产业链、积极遵守与利用各项政策要求，选择具有良好资源优势和交通优势的地方，这些都是旅游发展潜力大的乡村，充分发挥当地的旅游竞争优势。同时，也要注重旅游地的其他公共设施与社会资源的保护与开发，最终达到环境效益、社会效益与经济效益的统一。

（2）脱贫人口选择方面。在目标选择的具体工作中，主要参考三种项目：第一，村组织中的干部们有很强的带头作用，有创业思维的贫困村作为优先选择目标；第二，贫困村具备相关成熟景区特色或者具有良好的交通路线，能与现有旅游资源和市场资源连成一体的地区作为优先选择目标；第三，综合考虑中央及地方政府编制的旅游扶贫规划，选择可行的乡村旅游扶贫项目。

二、乡村旅游的扶贫战略选择

要实现乡村旅游扶贫，需要制定适宜的战略，包括计划的制订、开发过程中实施的手段以及方式方法。通过相应的手段，对旅游开发提供策略与计划的支持，多快好省地拉动旅游业发展，吸引更多的旅游消费者，改善当地的产业结构，最终实现环境效益、社会效益与经济效益的提升。

当前，有关乡村旅游扶贫战略主要有两种观点，一种是以贫困人口利益为主的 PPT（Pro-poor Tourism Strategy）模式，另一种是以可持续发展与反贫困并重的 ST-EP（Sustainable Tourism as an effective tool for Eliminating Poverty）模式。

在旅游扶贫战略中，从 PPT 战略过渡到 ST-EP 战略的过程是相对艰难的，PPT 战略作为第一个提出来的旅游扶贫战略，首次将反贫困问题和旅游结合起来，也考虑了当地参与度与经济发展的问题，具有一定的创新性。当前，随着 ST-EP 战略的提出，PPT 战略正慢慢被替代，ST-EP 战略除了经济性之外，更提出了可持续理论的应用与分配公平度的问题，尤其在战略开发过程中，PPT 战略更多依赖的是政府，而 ST-EP 则将重点放在合作上，当前很多国际发展机构，如亚洲发展银行、世界旅游组织以及世界银行等，都逐步参与到旅游扶贫项目中，从资金、技术以及管理方面，提供相应的支持，但就开发成熟度而言，PPT 发展战略的成熟度较高，ST-EP 依旧在发展过程中，具有较大潜力。①

三、乡村旅游的扶贫产业链开发

产业链本身聚集着上下游之间的结构与利益关系，基于产品、服务以及信息等进行链接，从而使产业的不同部门与企业之间产生一定的关联，形成完整的链条。产业链的认知存在于产业经济学，最早可以追溯到经济学产生之初，基本原理来自社会分工的大前提，通过市场交易的作用不断深化，主要通过价值链、企业链、供需链和空间链四个方面对产业价值的分割共同形成，四个维度共同作用，共同构成产业链的大体系。其价值主要来自内部产业链的链接与外部产业链的延伸。内部产业链主要从生产、财务与人事等部门进行链接，外部产业链主要从产业上下游进行拓展，通过多部门的整合与协同，从微观与宏观方面进行产业的价值提升。

旅游产业链理论来自产业链的理论，基于旅游产业的特殊性，旅游产业链具有自己的特点，当前有关旅游产业链的研究，大部分集中在价值链的末端。具体的划分主要基于旅游产业的两个特点：一是旅游产品生产与消费的同一性；二是旅游产品消费的无形性。这两个特点让旅游业的产业链无法像其他产业链一样从

---

① 石媚山. 乡村旅游精准扶贫的运行机制、困境和策略[J]. 农业经济, 2019（5）：59-60.

上游资源开发到中间产品到最终进入消费市场，无处不在的消费性是旅游产业链的重要特色。吃、住、娱乐、购物、交通等都是消费者直接接触的，并且其生产与消费都具备一定的无形性。

旅游业的核心产业链主要有旅游资源的开发和利用、旅游产品的制造、旅游产品的宣传和销售、旅游产品的消费四个步骤。同时，受到旅游产业关联性强的影响，其相关产业链，基于不同相关性与关联性，其延伸与相关产业较多，产业链表现出宽泛性的特点。

乡村扶贫旅游产业链是基于旅游产业链与扶贫旅游需求两个部分形成的特殊产业链，在旅游产业链的基础上有一定的特点，既要注重产业链的经济效益，又要注重贫困问题的解决与生态环境的保护。在产业链的经济效益方面，保证贫困人口的价值分配。在产业链的延伸环节，要注重当地的旅游漏损现象。乡村扶贫旅游产业链除了价值创造，更注重的是其对当地经济的拉动性与贫困人口的收益提升。

（一）乡村旅游扶贫产业链的发展现状

我国乡村旅游扶贫工作自20世纪80年代开展至今，产生了一定的经济效益，但在价值分配、产业链开发核心企业和产业链本地化等方面还存在一定的问题，其主要体现在以下方面：

（1）价值分配不均。乡村旅游扶贫的目标是解决贫困人口的收入问题，理论上随着旅游业的开展，基于其产业链节点的不同行业，会对当地的就业问题、贫困户的经济收益问题提供一定的支持。但随着乡村旅游扶贫的推广，很多地区的乡村旅游扶贫开发变成了贫困地区的旅游开发，将扶持重心从贫困人口转移到普通的旅游地开发，其利益相关者也从贫困户变成了旅游投资商，最终的结果脱离了乡村旅游扶贫的初衷。

（2）产业链开发单一。由于开发主体的局限性，我国旅游扶贫存在旅游产品开发质量较低的问题：一方面，在旅游产品开发中，缺乏完整开发意识，食、住、行、游、购、娱的整体旅游链条不合理，产品质量也较低，整体旅游产品组合不完善；另一方面，产品缺乏体验性，由于大部分贫困地区都处于自然资源较好的地区，在前期的资源规划方面，大部分采取了观光旅游的初级开发方式，忽视了目前国内的旅游需求，不仅在满足消费者方面有所欠缺，也造成了当地较为单一的门票经济，同时，核心吸引力的缺乏也导致了当地旅游品牌建立困难，不利于长远的经济发展。

（3）缺乏核心企业。旅游业的发展对核心企业带动性的依赖比较强，整个产业链的发展需要核心企业的拉动。由于扶贫旅游开展的地区大都在经济发展落后的区域，具有开发的局限性，品牌意识淡薄，因此大部分贫困地区并未形成核心旅游企业，弱化了当地旅游产业的竞争力。

（4）旅游漏损较高。旅游产业链的本地化是扶贫旅游效应的主要考量标准，产业链的本地化直接影响到贫困户的旅游收入与贫困地区的产业发展。我国当前的扶贫旅游开发过于注重短期效益，忽略了旅游发展对于当地经济的依赖，过快的发展超出了当地旅游经济的发展速度，结果使得扶贫旅游与当地经济之间无法建立链条关系，反而更为依赖非本地经济。最终，导致当地旅游收入的漏损。

（二）乡村旅游扶贫产业链的效益评估和开发模式

乡村扶贫旅游产业链的目标是达到社会效益、经济效益与环境效益的统一，要以贫困户的具体脱贫情况与当地旅游经济发展两个标准做考量，在不影响当地可持续发展的基础上，对乡村扶贫旅游产业链进行扩展与延伸。

（1）乡村旅游扶贫产业链的效益评估。产业链的效益，基于不同的原则，可以通过不同内容进行评价。乡村旅游扶贫产业链的效益评估可以以数学模型为基础，通过产业链的完整度与关联强度进行效益评估。旅游产业链的经营绩效与产业链强度和产业链关联度两者的关系最大，直接影响了整体产业的价值产生，而产业链密度则更多与产业本身的特点有关，因此相关性相对较弱。以密度划分的效益评估需要通过产业集中度、产业关联度以及分工程度的数值计算为依据，通过不同的指标选取，构建评估指标体系，最终测算出不同主体的产业链运营效益。

（2）乡村旅游扶贫产业链的开发模式。除了进行价值的创造与增值，产业链最终的目的是通过产业链的整合与拓展，不断提高产业链各行业之间的协同合作，增加整个产业链的效率。扶贫旅游产业链也具有一定的开发模式，依据一定的开发原理，进行产业链的开发，主要根据产业链的相关度分为纵向扩展、横向扩展与外延扩展三种开发模式。

第一，纵向扩展模式。根据旅游产业链的内容，纵向拓展主要是从旅游产业的上游企业和下游企业入手进行产业链的拓展，通过增加上下游产业链的长度，使资源整合能力与节约成本能力也不断增强。

扶贫旅游产业链的纵向拓展与其他旅游产业链的纵向拓展有一定的区别，纵向拓展更加注重当地经济的扶持与拉动。在产业链整合过程中，明确开发是以当地经济的振兴、当地贫困人口的脱贫为目标，在兼顾旅游经济效益的基础上也要注重扶贫旅游产业链各个节点企业的利益分配问题，细化旅游产业链的各个节点部门，尽可能使开发留在当地。通过前向一体化，增加当地特色产品的比重，尤其是当地居民生产制作的内容，既可以增加旅游产品特色，也解决了当地经济融合的问题。通过后向一体化，解决目前扶贫旅游产业链缺失的内容，弥补市场需求的不足，整合现有资源，减少交易成本，提升整个旅游地居民的就业素质与收入。

第二，横向拓展模式。进行旅游吸引物整合，扩大旅游影响力与整体效益。横向拓展是指通过并购、兼并与合作的方式，对其他企业进行吸收合并，建立有效的产业集聚体。扶贫旅游近些年的开发以观光旅游为主，其开发深度与经济拉动性都较弱，无论是旅游吸引物的单一性还是旅游核心企业之间的合作都比较薄弱，缺乏内部的完整性与竞争力。

第三，外延拓展模式。旅游产业链的拓展不仅仅局限在内部领域，外部的拓展也同样重要，旅游扶贫发展到一定阶段，与其他产业和其他地区之间也存在着一定的合作关系。从产业链的各个方面融入其他产业，如前期的开发策划与融资管理，需要财税以及其他金融机构的进入，中期产业链运营中的对农业、工业、生态甚至体育的产品融入，后期基于大数据的整体分析、运营策略等。通过这些跨行业、跨地区的合作，充分增加自身实力，并利用这种延伸拓展提升工作人员的就业素质与贫困户的收入，最终达到多赢。

拓展产业链，增强竞争优势，已经越来越成为扶贫旅游经济开发的重要部分，不仅包括内部的一体化，未来的旅游业发展，更在外部拓展的方面提出了新的要求，只有不断地打造并且优化产业链，促成整体的协同竞争，才有可能在未来的竞争中拥有更广泛的竞争力。[①]

四、乡村旅游扶贫的可持续发展路径与效果评价

以下重点探讨和研究山东省乡村旅游扶贫的可持续发展路径。

（一）乡村旅游扶贫的可持续发展路径

1. 乡村旅游扶贫的可持续发展政策

（1）乡村旅游扶贫可持续发展政策的指导思想。在市场导向的要求下，充

---

① 黄凯丽.景区依托型乡村旅游扶贫的路径探析[J].农业经济，2019（7）：70-71.

分发挥文化的作用，发展特色化的乡村旅游扶贫项目。以经济效益为核心任务，在新农村建设中坚持科学发展观的基本理念，满足旅游资源自身规范的发展要素，从而高度统一资源的经济效益、社会效益和生态效益，既要有效开发旅游资源，又要进行必要的资源保护措施，并不断开发乡村旅游资源的价值。从而使得新农村建设和乡村旅游资源的开发利用相辅相成，共同发展，让农村既具有生态文明，又能促进生活水平的提高和生产发展的需求，为山东省乡村旅游向休闲度假方向发展，并确保乡村旅游资源的可持续发展，早日实现城乡一体化发展。

（2）乡村旅游扶贫可持续发展政策的总体目标。始终坚持可持续发展理论，提高布局的合理性，规划的科学性，依次进行开发，促进整体发展。对资源特色优势进行充分利用，对文化价值进行充分挖掘，从而促进旅游强省、旅游强乡等的建设。并根据市场需求的变化，大力促进乡村知名品牌和精品的发展，将休闲度假型的乡村旅游作为乡村旅游发展的趋势，从而确保乡村旅游资源的可持续发展。总体目标在以下两个方面有所体现：

第一，大力建设"旅游强县""旅游强乡（镇）""旅游特色村"。在《山东省旅游特色村标准》《山东省旅游强乡（镇）标准》《山东省旅游强乡（镇）和旅游特色村评定办法》等政策和标准的要求下，将《山东省全域旅游发展总体规划（2018—2025年》作为整体目标，打造精品旅游项目，对乡村旅游资源进行合理的开发和利用，对乡村旅游服务设施进行改善和健全，从而打造更高水平的乡村旅游服务，对乡村的旅游生态环境进行保护和优化，使之朝着旅游强乡的方向发展，致力于乡村旅游品牌或者精品的打造。

第二，打造有市场知名度和吸引力的拳头产品和精品品牌。可以从山东乡村旅游资源的特色出发，加强以下几种旅游形式的开发和发展：一是节庆旅游，如青岛国际海洋节项目、青岛糖球节、潍坊国际风筝会以及菏泽牡丹花会、威海国际钓鱼节、滨州国际小戏艺术节、千佛山庙会、泰山国际登山节等都吸引了大量的国内外游客；二是民俗旅游，如千里民俗旅游线、潍坊杨家埠民俗旅游等都融合当地的风俗民情，是旅游地的不错选择；三是自然生态旅游，如东营黄河口、莱芜房干村等的发展速度可见一斑；四是农家乐旅游，如烟台长岛和日照的渔家乐项目等。这些乡村旅游项目独具特色，各有千秋，打响了自己的知名度和名誉度，从不同层次满足了旅客的旅游需要。

2.乡村旅游扶贫的可持续发展创新路径

旅游扶贫作为国内最为重要的扶贫手段之一,它的开发和利用是不可忽视的。山东省高度重视旅游业的综合带动作用,在科学谋划和精准实施的基础上开展了针对性较强的扶贫工作和乡村振兴工作,涌现出了很多成功的地方旅游扶贫模式,如枣庄模式、临沂模式以及郝峪模式等,为其他地方的乡村旅游发展积累了宝贵经验,有利于乡村旅游扶贫项目的大面积推广和实施,其成效也非常显著。从数据统计上可知,截止到2018年11月底,山东省的旅游扶贫村达400个,利用资金扶持、旅游业态打造等手段帮助360个乡村实现了贫困人口的集中受益,为26万人次带来了经济效益。

(1)多种模式共扶贫。在山东乡村旅游扶贫工作中,特别值得一提的是淄博的中郝峪村旅游开发,其是乡村旅游项目开发的范本。他们的旅游公司由村民出资建成,乡村旅游项目和休闲农业项目的开发和发展为村民带来了较大的经济收益,人均年收入超过3.8万元,中郝峪村名副其实地变成了富裕村,谁能想到之前这个村庄的人均年收入不到2000元。中郝峪村的乡村旅游开发采用了融合公司运作、单体承包和村民入股的方式,这一模式在山东各地的旅游试点后表明,其效果是非常显著的。

当然,任何一种开发发展模式是否适用还是要从实际情况来考虑。山东省各地为了尽快实现脱贫致富的目标,进行了很多的探索和实践,总结出了"一清五帮十到户"的扶贫指导思想和方式。"一清"是指机会看准了再下手,"五帮"是指从项目、培训、营销、规划和资金上给予帮扶,"十到户"是指就业岗位、产业扶持、资产性收益、持股分红、送智送教、用工名额、金融扶持、农产品采购、电商联通以及结对帮扶十个方面都要落实到户。

在策略的推动下,各个村庄从实际情况出发不断探索和实践后,山东的乡村旅游扶贫开发如火如荼地进行,涌现出很多独特的方式,如采取项目拉动方式、景区带动方式和自主开发方式等。而且出现了很多乡村旅游扶贫的代表,如兰陵县的压油沟村、沂南县的马泉休闲园、烟台市的费东村以及滨州市的西纸坊村等。

山东省文化和旅游厅有关负责人表示,在推动山东省的旅游扶贫工作进展中,财政扶贫资金的落实非常重要,这样能够为贫困户参与旅游项目提供资金援助,准许贫困户将自有的房屋、林地入股,提倡贫困人群进行农家乐项目开发,提供就业岗位保障,如此都是为了达到帮助贫困人群脱贫致富的目标。

（2）精准施策连片开发。精准性是旅游扶贫的重要特征和核心要求。为了确保旅游扶贫的效果和效率，山东省开展了全省贫困村庄的摸底排查工作，确定了400个有旅游开发价值的贫困村，对每个村都制定了旅游扶贫目标，对具体措施和开展工作进行了规划，建立相应的档案进行管理。

山东的乡村旅游扶贫工作获得财政扶贫资金达7亿多元，获得了社会投资达50多亿元，这都为乡村旅游项目的开发和发展提供了资金支持。枣庄市山亭区徐庄镇引入了青岛新空间公司、山东兰波丽尔旅游开发公司和青岛欧亚集团的资金支持，联合了20多个旅游扶贫村庄如石嘴子村、红门村和兴隆庄村等共同打造了乡村旅游特色村，建立了旅游扶贫示范带，为当地每个贫困人口增收了4600多元。

现在，山东省根据旅游扶贫工作中遇到的实际问题和发展机会，对政策和资金等各项资源进行了总体规划和联合开发，将比较集中的旅游贫困村联合成一片进行开发和利用，打开山东贫困乡村的旅游项目发展的新局面。

联合成片开发有利于将主要力量进行集中和整合，有利于市场需求的接入，增强区域发展核心竞争力，将各个乡村的优势资源进行共享，优势进行强化。

（3）提升旅游扶贫持续性。沂源县燕崖镇上龙巷村是国家级旅游扶贫乡村，该村的党支部书记经常参与乡村旅游扶贫培训班，去各地进行实地考察和学术性研究，带领整个乡村走上了脱贫致富的道路。带领大家利用全村果树产业的优势，成立生态旅游发展有限公司，推动村民增产增收。

专业旅游人才在旅游扶贫工作的开展中有着不可忽视的作用，尤其是在人才严重缺乏的地区，更是要将人才的优势充分地发挥出来。山东省在开展旅游扶贫工作时就充分重视旅游管理人才的培养和引进。对旅游扶贫带头人和镇、村业务骨干进行培训，从而有效地提高扶贫村参与旅游项目人员的从业水平和经营能力。

现在，山东省文化和旅游厅正在筹备建立乡村旅游扶贫人才智库，吸纳专业旅游人才、大学知名教授，实现人才的多层次、全方位发展，为乡村旅游提供辅导和培训，加强旅游扶贫项目的持续发展，提高旅游扶贫的经济效益。

（二）乡村旅游扶贫效果的评价

（1）乡村旅游扶贫效果主观评价方面需要注意以下方面：

首先，高度重视老百姓的脱贫需求和感受，从而提高群众对脱贫工作的支持度和认可度。

其次，高度重视参与精准扶贫工作的驻村支书的工作感受和体验，从而对精准贫富的核心要素和关键点进行把握。

最后，要总结和利用行之有效的工作方法和创新想法，从而促进精准扶贫评价指标体系的更加完善化发展。

（2）在评估乡村旅游扶贫项目所产生的收益时，要保持客观公正的态度，结合客观数据考核标准和实践情况来进行综合评价；始终坚持科学的扶贫原则，即真扶贫、真脱贫和不返贫，对贫困理论进行全方位的考虑，从而让贫困人群从技术上、志向上、智力上和经济上全方位脱贫。

第三章 乡村振兴战略背景下山东特色旅游文化

山东,古时候称"齐鲁",是中华文明的发源地之一。齐鲁文化已经有几千年历史,山东各个地区的文化风俗、人文活动、社会活动都深受齐鲁文化影响,正是因为这个原因,齐鲁文化也是山东旅游资源的重要来源。本章重点探讨山东节庆特色文化、饮食与服饰特色文化、交通与生产特色文化以及乡村振兴背景下山东乡村旅游提质增效路径与保障措施。

第一节 山东节庆特色文化

节日是指一种具有民俗意义或者纪念意义的社会性活动的日子,一般有固定的日期,有特定的主题,有广泛的群众参与。"节日的产生与岁时关系密切,其经历了由单纯的岁时祭祀、月令政事等严谨仪节向娱乐游宴、歌舞竞技等文化活动的发展模式"。[①]

按照节日形成的时间段来划分,可以将节日分成新兴节日和传统节日两种。传统节日中最常见的就是时岁节令,其是从中国农历的时令和节气中延伸出来的节日。每年某些固定的日子中都会举行庆祝仪式,这是把自然知识、天文历法和社会生活等融为一体的仪式,体现了民间传统的宗教和文化交流。这些节日的风俗习惯让人们可以看到很多具有乡土气息的地方,能够了解乡情民俗,是人们对美好生活的向往,是体现人类真善美的重要力量,在一代又一代的传承中凸显出旺盛的生命力。近阶段,山东的很多地方都创办了新兴节会,贯彻"文化搭台,经济唱戏"的精神,具有很强的文化属性,受到民众的认可和喜爱。久而久之,新兴节会就形成了一种传统。

庆典是指为了某种特定的目的而举办的活动,一般有特殊的仪式和典礼。节日和庆典既有区别,也有相似之处。庆典的分类就不一而足,主要以其目的来分

---

① 丛振.敦煌游艺文化研究[M].北京:中国社会科学出版社,2019:101.

类,主要有书会、灯会等类。

因中国的传统节日具有模式性、传承性和稳定性,山东的传统节日和国内其他地方大致相似,主要有春节、元宵、清明、端午、七夕、中秋、重阳等。有关山东节庆特色文化,下面以山东书会、灯会和新兴旅游节庆为例进行阐述。

一、山东胡集书会

惠民东南有个最大的集镇,叫作胡集,农历的初二和初七是赶集的日子。春节之后的第一个大集就是每年农历正月十二,民众会在这天组织灯节书会活动。胡集书会起源于元朝时期,在清朝初期到达鼎盛,已经有700多年的历史沿革。

胡集书会有前节、正节、偏节三个阶段。在胡集书会中,艺人们很受欢迎,艺人如果拿到了较高的酬金就是一种荣誉。正月十二是集市书会开始的日期,在正月十一之前,很多地方的说书艺人从全国各地会集此地,他们主要来自山东省内的惠民、济南、德州、淄博、烟台等城市,还有来自北京、天津、石家庄、保定、唐山、沧州、内蒙古、黑龙江、辽宁、河南、江苏等省外地区,他们随身携带被褥和乐器,聚集在胡集,还有一些业余曲艺爱好者跟随他们而来,游走于镇上的客栈。在这些艺人们到达胡集的过程中,他们也会在停留的地方说书卖艺,这就是"前节"阶段。正月十二清晨,所有的说书艺人都来到集市上,摆摊挂旗,充分展示自己的才艺。上午10时,鼓乐和鞭炮声响起,书会拉开序幕。从这个时候开始,到正月十六的这段时间就是"正节"阶段。正月十五元宵节,镇上也会有庆祝活动,包括跑龙灯、踩高跷、扭秧歌、杂耍、武术、抬芯子等表演内容,这一天书会的氛围达到高潮。

在书会的"正节"阶段,艺人们演出的价格是最高的。书会中有很多不同的曲种,如评书、山东快书、山东琴书、毛竹板书、渔鼓书、木板大鼓、渤海大鼓、西河大鼓等。胡集这一带附近的民众有听书的爱好,清晨便会到胡集听书。每个村还会委派内行的人到书会挑选节目,邀请艺人到本村卖艺,村民会给艺人酬劳。正月十二晚上开始的几天,附近村子的一人说唱活动不管白天还是晚上都会进行,如果主人继续邀请,说书艺人就一直表演下去,如果主人没有继续邀请留下,艺人就会回到胡集参加正月十七的大集书会。正月十七到正月二十一是"偏节"阶段,过了这个阶段,书会就散场了。在书会这段时间里,艺人们也会进行拜年、切磋、交换节目、收徒拜师等活动。书会散场后,艺人们又再次沿路卖艺回去,等到第二年的正月十二,又从各地赶到胡集,开始新一年的相聚。

1988 年正月十二,书会活动正式恢复。胡集政府拨款 30 余万元修建大型的曲艺厅,使得书会表演的环境更加优美。

二、山东淄博灯会

淄博灯会在清朝时期达到鼎盛,具有悠久的历史沿革。1949 年之后,灯会被终止。1986 年,灯会被恢复。灯会的举办地点设在淄博人民公园,极具影响力,大型和小型的花灯彼此映衬,流光溢彩。

在传统元宵灯会举办过程中,淄博还融入陶瓷琉璃艺术节。1989 年 9 月 5 日至 10 月 5 日,"首届淄博金秋灯会"在淄博人民公园成功举办,灯会的主题是"欢乐的淄博",展示了 37 座大型机械灯组和将近一千盏小型民族花灯。大型灯组有"许仙游湖""金马腾飞""三龙闹海""云雾仙阁"等场景。本次灯会共接待了来自全球的 50 余万观众。在这之后,淄博保留了每年两次灯会的习俗,元宵节和中秋节都开展灯会活动,通过灯会这个媒介将全国乃至全球的观众吸引到淄博,以此为基础开展商贸活动。

山东淄博玉黛湖花灯节于 2019 年 1 月 24 日(农历腊月十九)开幕,地点设在淄博玉黛湖生态乡村庄园,直到 3 月 8 日(农历二月初二),灯会才结束。在 2019 年花灯节中选出的"福猪贺岁"被称为这一年的"灯王",这是一组生肖灯,总长 25 米,总高 17 米,能够进行 360 度旋转,体现出精湛的设计工艺,这个花灯也在当时进行了吉尼斯世界纪录的挑战。这一届花灯节,总共展示了来自国内外的 70 组大型机械花灯 1200 余个各类特色花灯,不但有传统花灯,还有极具创新性的现代花灯。此外,还融入了光影艺术表演,动能球、裸眼 3D、光影小品等区域总共有六个展示区,这是一场科技和传统交融的现代花灯艺术展。

三、山东新兴特色旅游节庆

山东民俗文化旅游节庆始于 20 世纪 80 年代,举办伊始,就显示出了顽强的生命力,在招徕游客、树立旅游品牌、提升文化旅游资源品位、宣传山东旅游业等方面起到了巨大的促进作用。

山东民俗旅游的主体是节庆旅游,这是一种规模巨大、数量最多、持续时间最长、收益最高的民俗活动。

山东的民俗文化旅游节庆已从早期的"文化搭台、经贸唱戏"模式转向开发旅游文化产业，它标志着山东文化旅游产品已走向成熟。

山东民俗旅游节庆主要有曲阜国际孔子文化节、潍坊国际风筝会、菏泽国际牡丹花会、淄博国际陶瓷琉璃艺术节、淄博国际聊斋文化节、淄博元宵灯会、荣成国际渔民节、青岛海云庵糖球会、天后宫民俗文化庙会、济南千佛山庙会、海外华人泰山仲秋赏月会、宁津蟋蟀节、文登国际昆嵛山会等，这些旅游节庆文化色彩非常浓郁，其他诸如济南趵突泉灯会、大明湖荷花节、青岛国际啤酒节、泰山国际登山节、烟台国际葡萄节、枣庄榴花会、乐陵金丝小枣节、微山湖荷花会等旅游节庆也包含大量的旅游文化内容。①

第二节　山东饮食与服饰特色文化

一、山东饮食特色文化

"民以食为天"，"食"是旅游六要素之首。因为地域和民族差异，中国每个地区和每个民族都形成了自己本地区和本民族的经济、历史和地理文化，在这个过程中，饮食文化也产生了差异。饮食文化是中华文化史上的重要内容，是中国社会制度和文化特点的展现，也是国内外游客青睐的重要旅游资源。

（一）饮食结构类型与习惯

饮食文化，是指有关食物和饮料，在加工、制作和食用过程中形成的俗尚，它是文化中最活跃、最持久、最有特色的事象之一。

人类社会的发展衍生出饮食文化，经济发展和科学技术的进步促进了饮食文化的发展和进步。这是一种具有中国特色的，在中国历史、文化、经济、环境等诸多因素影响下所形成和发展的文化。这些与饮食文化有关的因素，从不同的层面分析了中国的饮食文化特征。

1.饮食结构类型

饮食结构是指日常生活中一日三餐的食物搭配。饮食结构，是一个复杂的问题，它常常和生活区的自然地理环境、生产力发展水平、物产资源及经济条件有关，一般由主食、菜肴、饮料组成。

（1）主食。中国的主食有三种类型：米饭、面食和牛羊肉。中国的南方和

---

① 陈向群.山东旅游文化[M].济南：济南出版社，2005

北方地区都适合种植水稻,这些地方的主食是米饭;在秦岭—淮河以北的地区和部分南方的山地适合种植小麦,这些地方的主食是面食;不同粮食作物的种植是形成主食文化差异的重要原因。青藏高原地区气候高寒,不适合农作物生长,主要以青稞种植为主,因此,糌粑成为藏族人的独特饮食风俗。这是一种由青稞制作而来的主食,通常搭配茶水食用,糌粑和酥油茶是藏民的饮食习俗最突出的特点。

(2)菜肴。菜肴是指蔬菜和鱼肉的总称。菜肴有素菜和荤菜两种类型。中国的菜肴原料主要有鱼肉、油脂、蛋乳、蔬菜、瓜果、调味六种类型。六种主要食材搭配和制作方式不同,可以烹饪出几百种甚至几千种不同的菜肴,各具特色。不同的地区具有不同的饮食习惯和口味偏好,烹饪的方式也不尽相同,随着历史发展,逐渐形成不同的菜肴和菜式类型。从地方发展而来的菜式有很多,主要有鲁菜、苏菜、湘菜、粤菜、闽菜、川菜、徽菜等,都独具地方特色。

(3)饮料。这也是饮食的重要组成内容,是生活中必不可少的。酒、奶、茶等都是主要的饮料,酒和茶又是最常见的。

2.饮食的习惯

饮食习惯有以下两种类型:

(1)日常生活饮食习惯。这是一种基于人类的生理需求形成的饮食习惯。包括每天进食的时间、进食的次数和进食的菜肴类型。

先秦时期一天只吃两餐:早餐和晚餐,到了汉朝,农业的发展使得人们的生活习惯变成了三餐,也就是早餐、中餐和晚餐。古时候将其称为"三食"。由于生产季节的影响,中国的某些地区还保留了一段时期的两餐制度。配餐是指食物之间的搭配,在北方地区,早餐主要是包子、油条、粥等类型,中餐和晚餐则以面食和菜肴为主。

(2)节日的饮食习惯。这是在特定的节日中形成的饮食习惯,主要体现当地的特色和民俗文化,又分为节日食俗和人生礼仪食俗两种类型。节日食俗中,春节是最有代表性和最有特色的,不同的节日形成了不同的饮食习惯。正月十五元宵节一般都要吃元宵,清明节要吃凉食,中秋节要吃月饼等。人生礼仪食俗一般都是宴请的食物,都是按照固定的座次、菜品和上菜顺序安排的,其中还有敬酒和酒令的礼节等,不同的地区还有性别、人数等方面的规定。

(二)山东饮食特色与孔府饮食文化

1.山东饮食特色

山东饮食文化在春秋战国时代就已闻名于天下,更以物产资源丰富而著称。其中,海参、干贝等海产资源特别丰富,为山东菜系提供了物质基础,促进了山东菜系的发展。

山东饮食是北方麦作区的典型文化类型,如果将其与江南稻作区的饮食文化进行对比,两者呈现出很大的差异。鲁菜是山东的地方菜,其融合山东省内的多个地方性菜系,形成了沿袭古代"北食"传统的独特味道,在全国乃至全球都很有影响力。山东菜对中国北方地区的影响尤其深远。

山东饮食是对山东区域文化特色的展现,正是这种区域性的差异造就了这种饮食文化的独特风格。例如,山东菜中以鱼鲜为主,这与山东临海靠河的地理位置息息相关。再如,孔府菜虽然没能真正进入寻常百姓的家庭,但很多餐馆中却都以孔府菜为招牌,而且其他的非孔府菜的样式,重色香味的搭配,重烹调手法,使得每一道普通的家常菜都别有特色。山东饮食文化主要包括以下三点:

(1)食制。山东各地通行一日三餐,一餐曰"一顿"。早餐,又称"早饭""早起饭""朝饭""头晌饭";午餐,又称"午饭""晌午饭""晌饭""吃晌"等;晚餐,又称"晚饭""夜饭""黑夜饭""下黑饭""后晌饭"等。

(2)日常主食。在过去,煎饼和玉米饼是山东民间的主食,进入20世纪80年代后,大米和白面成为主食。煎饼是通过五谷杂粮加工而成的,一般用煎饼箱子来摊煎饼。按照煎饼原料的不同,可以将其分为玉米面煎饼、米面煎饼、高粱面煎饼、豆面煎饼、菜煎饼等。按照口味的不同,可以将其分为甜煎饼、咸煎饼、五香煎饼和酸煎饼等。玉米煎饼又称为"苞米饼子""大饼子""爬古""片片""粑粑""窝窝"等。

(3)日常副食。山东物产丰富,日常副食品种繁多,主要有:①鱼肉类:沿海食海鱼,内陆食黄河鱼和湖鱼、河鱼;肉类以猪肉、牛肉、羊肉为主。②蛋乳类:主要食用鸡蛋。③油脂类:普遍食用花生油、菜籽油、豆油和"大油"间或食用。④蔬菜类:四季各有不同,冬季以白菜、萝卜为主,其余季节韭菜、芹菜、菠菜、藕、番茄、黄瓜、南瓜等较为丰富。⑤瓜果类:山东瓜果种类较多,西瓜、苹果、梨、桃、葡萄、石榴、枣、栗子等各地均有名产。⑥调味类:山东人口味偏重，盐、辣椒、大葱、大蒜、醋为必备调味品。①

2.孔府饮食文化

济宁地区的鲁菜并不以海鲜为主，爆炒肉片、熘肝尖、炒木樨肉、炒腰花等北方菜品是常见的。材料的选择是很考究的，制作方法也是五花八门，有爆炒扒蒸，口味鲜嫩清淡，脆香滑溜。这一地区在调味上则口味偏重，以咸为主。

孔府饮食文化被誉为"天下第一家"，在中国博大精深的饮食文化中享有盛誉。可以断言，孔府饮食文化是中国饮食一书中最具文化渊源的。孔府饮食文化是在孔子思想的引导下，经过2500多年的发展，传承了70多代人的饮食文化体系。这是中国饮食文化发展历史的里程碑。

人类饮食活动是脱离了生存需求之后建立起来的，饮食文化的形成和发展除了受到生存因素的影响，还有很多其他的影响因素。深受中国几千年的儒家思想影响，孔府饮食文化具有很高的社会地位和文化积淀。准确地说，中华民族对儒家文化的传承和尊重是通过孔府饮食文化体现的。

孔府饮食文化形成的根源就是其具有饮食理论体系的完整性和系统性。孔府饮食文化是在两千多年的历史进程中发展起来的，是对孔子的相关言论进行整理得来。孔子有关饮食的言论主要被记录在《论语·乡党》中：

食不厌精，脍不厌细。

食饐而餲，鱼馁而肉败，不食。色恶，不食。臭恶，不食。失饪，不食。不时，不食。割不正，不食。不得其酱，不食。肉虽多不使胜食气。唯酒无量，不及乱。沽酒市脯，不食。不撤姜食，不多食。祭于公，不宿肉。祭肉不出三日。出三日，不食之矣。

食不语，寝不言。虽蔬食菜羹，瓜祭，必齐如也。

席不正，不坐。

有盛馔，必变色而作。

觚不觚，觚哉！觚哉！

上面是关于古代饮食的描述，其对食材选取、食材加工、烹饪技巧、相关的卫生标准都做了规定，对进食的分量、饮酒的酒量、餐桌的礼仪等也做了详细规定。

"食不厌精，脍不厌细"。意思是说，食材要选择质量好的，切肉的时候要

---

① 赵建春.山东传统文化与生态旅游耦合发展研究[J].安徽农业科学，2019，47（18）：132-134.

尽量切细，做饭时的刀工、材料选择、烹饪技巧等要越精细越好。

"割不正，不食"。意思是说，在宰杀猪牛羊时，如果割肉不规整，就会失礼，破坏食物的形态，这种肉是不能吃的。

"席不正，不坐"。意思是说，筵席四周要与屋子的墙保持平行，这样才能保证桌子是端正放置的，如果筵席摆歪了，饮食的形制就被破坏了，这个时候是不能入席的。

"有盛馔，必变色而作"。意思是说，如果主人提供了丰盛的菜肴招待客人，那么客人为了表示感谢要肃然起立。

孔子生活在"三礼"时代，所谓"三礼"是指《礼记》《周礼》和《仪礼》，这个时期已经具备高超的烹饪技术，八珍美食烹饪法也开始在宫廷里面盛行起来。制度化的饮食礼仪也开始出现，《礼记》中记载了专门的进食礼仪要求，其对饮食的座位排列，盘碗摆放，不能在共食的容器中放置咬嚼过的鱼肉，不能用手来吹散饭的热气等都进行了明确规定。喝汤也有要求，不能大口且不能发出声音，吃饭也有剔牙的要求等。虽然孔子认为食物越精美越好，烹饪越细致越好，但是其本身还是非常节约的。他追求美和善，这种精神细化到每一次餐饮中，若是不能选择精细美好的食物，他情愿只吃蔬菜，喝白水，也不能违背自己的道德仁义。因此，孔子对学生颜回的安贫乐道风格给予了极大的肯定和赞扬。

孔府饮食在山东甚至全中国的饮食文化中至关重要。明清时期，孔府的饮食生活就非常讲究和奢华，这也是孔府雄厚的经济实力和高贵的贵族门第的重要表现。孔府每年要接待大量的王公贵族，甚至还有皇帝，包揽大量府中的婚、丧、节、寿等宴席，由此孔府每年的饮食酒席举办得非常频繁，烹饪要求也不断地提高，这是其他一般府邸所不能比拟的。孔府的日常饮食也非常讲究，这为孔府的烹饪厨役提供了非常多的实践机会，让他们不断积累经验，这种烹饪经验一代传一代，在传承过程中又不断吸收新的宫廷、民间和官宦烹饪技术，创造面点食品和名菜佳肴，从而逐步地发展成独立的饮食文化体系即孔府饮食文化。

孔府利用各种名目来进行饮食宴请，婚庆宴、喜庆宴和寿庆宴就是分别为府中的结婚、丧事以及寿请所举办的，而延宾宴则是为了接待王公贵族所举办的。孔府宴请具有明确且严格的等级划分规格，如邀请客人的亲疏远近关系、官职身份大小、节日重要度和礼仪大小等，菜肴的精贵程度、珍稀程度和数量则是根据等级规格的不同来进行划分。

孔府宴席的种类有很多，用于招待贵宾的有满汉宴、海参三大件、鱼翅四大件、十大碗等，用于招待下人的则是等级最低的十大碗，尽管如此，其中也会有白肉、海参和鱼肚等比较珍贵的食材。

满汉宴属于孔府宴中级别最高的，又可以称之为满汉全席。满汉宴需要用到的银质餐具全套就有404件，并从用处不同进行了主、副、配和大小器皿的划分，一次可以烹饪196道菜肴，这一套全银质的餐具是乾隆皇帝在乾隆三十七年赏赐给孔府的。满汉宴有燕窝、驼蹄等名贵食材，也有羊肉烧烤等具有浓烈清朝食品特色的菜品。满汉宴兼容了满汉两种截然不同的风味特色，因此而得名。只有皇帝和钦差大臣到来时，孔府才会采取满汉宴的招待等级。若是府内举办喜宴寿庆，燕菜全席是最高等级，每一桌的菜品有130道之多。燕菜全席有高摆这一特殊装饰品，故也称之为高摆宴席。高摆是在四个银盘中分别摆放四个以江米面制成的圆柱体，在圆柱体上装饰以瓜子仁、莲子和核桃仁等，镶嵌图案形成一定的图案或者字体，从而寓意吉祥平安，如福寿鸳鸯、寿比南山、喜庆延年等，无不表达出人们美好的祝愿。

如意席（丧事酒席）和海参席是比较普通的宴席，又依据规格对其进行区分，划分为两大件、三大件、四大件等。这种宴席是日常生活中最为常见的，准备宴席通常遵循四四制排原则，即开席时先是干、鲜果品、蜜饯和冷荤素冰盘，之后是大件主菜，次上行件炒菜，每个大件配2～4个行菜不等。如"海参三大件"席面：三大件为：红烧海参、清蒸鸭子、红烧鱼；八凉盘：熏鱼、爪子、盐卤鸭、海蜇、松花、花川、烤虾、长生果仁；八热盘：炒鱼、汤泡肚、炒软鸡、炸胗干、炒玉兰片、鸡塔、烩口蘑、山药；四饭菜：清鸡丝、红烧肉、烧肉饼、海米白菜；点心：甜咸各一道；饭：大米干饭。孔府宴席的菜肴讲究时令、新鲜、名贵，并随一年四季的变化而不同。因此，宴席菜肴并无固定的菜单，一切视季节的变换与宾客的口味而变化。

孔府的菜肴经过历代名厨的精心创制，形成了许多独具风格的名菜。仅见之于档案史料记载的大件（大菜）名目即有：燕窝"万"字金银鸭块、燕窝"寿"字红白鸭丝、燕窝"无"字三鲜鸭丝、燕窝"疆"字口蘑肥鸡、八仙鸭子、大吉翅子、黄焖鱼骨、红烧鱼翅、黄焖海参、桂花翅子、蜜制金腿、挂炉猪、挂炉鸭、燕窝八仙汤、翅子一品锅、燕菜一品锅、海参一品锅、佛手鱼翅、绣球干贝，诗礼银杏等不下50余种。而见之于记载的行件（行菜）名目即有：溜鱼片、烩鸭腰、炒王瓜酱、虾子龙爪须菜、汤泡肚、五香肠子、瓦鱼块、油焖笋、醉活虾、桂花银耳、海米炝韭黄、奶汤鱼块、双素盒子等近上百种之多。

孔府菜肴不但追求色香味俱全，更要求寓意深远。比如，世代为官的美好祝愿就采用怀抱鲤、带子上朝等鱼味菜肴，将大小各一的食材放置于同一餐具中。以孔庙的银杏为原材料，加入桂花和蜜糖加以秘制而成的诗礼银杏，是对诗礼之家高雅风度的大力提倡和赞许。满汉宴的首菜是当朝一品锅，选取海参、鱼肚、猴头和燕窝等名贵原材料，进行水发、笼蒸后，再加精汤熬制而成，味道鲜美滑嫩，贵重雅致，充分体现孔府主人的气派作风。

饭菜是伴主食所用的，通常称之为下饭菜，是孔府的居家日常菜。这类菜肴多选材于新鲜的鸡鸭鱼肉、蛋类、水产品，还包括豆腐、香椿、豆芽、咸菜等普通材料。在孔府厨师的烹饪下，逐渐自成一个菜品系列。这类菜谱有烧豆芽、烧面筋、炒鸡丁、拌鸡、炒鸡子、三鲜虾仁、白菜烩肠子、芽韭炒肉等，当然史书中记载的也只是九牛一毛，实际数量肯定更为繁多。

数十个品种的孔府菜肴都以虾、蟹、淡水鱼等为原材料。比如，虾制菜肴就有十多种，比较有名的有三鲜虾仁、松子虾仁、雨前虾仁、腐乳虾仁等。孔府菜肴还有一种常用材料：豆腐，经过厨师的精心烹饪，一块小小的豆腐也能变成各种佳肴。软烧豆腐，色泽棕黄软糯；炒豆腐泥，味道松软鲜嫩；蟹黄豆腐，两种材料交融使用，色香味俱全。此外，还有七巧豆腐、家常豆腐以及炒小豆腐等。这类菜肴虽然并未采用什么名贵材料，不过经过厨师的精心调制，也成为各种各样不同风味的传统名菜。

孔府饮食中，点心面食的地位也是非常重要的。孔府的点心分为两种，一是外用，馈赠、赏赐和进贡时所用；二是内用，具体又分为常年糕点、到门糕点、宴席糕点、应时糕点、节用糕点等不同类型。枣煎饼和缠手酥是最为重要的两种外用点心。枣煎饼是由红枣、小米和芝麻等材料混合后制成，口感香甜酥脆；缠手酥的制作工艺非常精细，成品如纸般薄和脆，入口即化。如意卷、萝卜饼、百合酥、桂花酥、鸡蛋糕、绿豆糕、白果糕、荷花饼、杏仁茶等都是有记载的内用点心。在孔府的日常生活中，这些点心面食扮演着重要的角色。

孔府采用各种各样的模具来进行不同造型、不同图案的面食制作，有福、寿、喜等字的模具，也有小鸟、花篮、寿桃和金鱼等图案造型的模具，这使得制作出来的面食既有较好的口感，又有精美的造型，让人食欲大开，忍不住想要尝试一番。大米饭、卤面、面饼、煎饼、馄饨、糊糊等是孔府的主食。这些饮食都来自民间，乡土风味独特，不过在孔府看来，却别有一番风味。

作为官邸来说，孔府的生活是非常奢华的，但是它又只是一个家庭形式的存在，其饮食自有独特情趣，这使得孔府的饮食发展丰富多彩，既有雅致的一面，也有日常的一面。当然，孔府主人也并非天天珍品海鲜，他们的日常生活也似普通人家一般，不见任何奢华之风，这也是日常饮食中别有风味的情趣所在。

孔子的饮食思想尤其注重科学饮食和食疗效果，讲究饮食的适量和适度性。孔子认为，饮食是强健身体，发现生活趣味的重要方法，这一思想也深刻影响了孔子的后人。荤素搭配、软硬适中、酸甜结合等都是孔府饮食的宗旨，孔府的饮食还会遵循四季变化的特征进行搭配。

孔府饮食不仅高度重视食品营养和质量，也深刻关注其中体现出来的艺术审美要求。一旦高摆席面，就呈现出各种吉祥寓意，如龙凤呈祥、万寿无疆等。孔府饮食对餐具和饮具也有要求，摆放错落有致、高低有序，给人美观典雅之感，既包括丰富的寓意，又有形态典雅和生动形象的刻画，给饮食人审美情趣的感受，餐具和饮具不再是单纯简单的工具，而是艺术价值和美学内涵的体现。当然，内容和形式高度统一是饮食活动发展的最高要求。只有用更为贴切的表现形式来呈现美食，才能让美食的意趣得到体现，让饮食更加有价值。孔府对最高水平的饮食活动也是非常追捧的，孔府菜肴致力于将实用价值和艺术价值融为一体，使得孔府饮食文化在中国传统文化中留下浓墨重彩的一笔。

由此可见，孔府饮食文化很好地展现出儒家思想的精气神。经过数千年的发展，孔府饮食融合了南北美食的精髓，结合了贵族、宫廷、民间、地方以及家庭等不同风味和等级的饮食文化，自成一派，独具特色。也就是说，孔府饮食文化是中国传统饮食文化的一个重要分支，它不仅表现出饮食活动的重要性，也是一种重要的文化传承。它对中国饮食文化的发展产生了重要的影响，在世界饮食文化发展史中有着不可取代的地位。[①]

（三）山东特色菜系——鲁菜

1. 鲁菜的内涵

关于中国地方菜系的划分，至今还未形成统一的看法，常见的有四大菜系、八大菜系和十大菜系等说法。四大菜系一般指鲁菜、川菜、苏菜、粤菜；八大菜

---

① 朱正昌.齐鲁特色文化丛书·饮食[M].济南：山东友谊出版社，2004.

系是指四大菜系加上徽菜、浙菜、闽菜、湘菜；十大菜系是指八大菜系加上京菜、鄂菜。

鲁菜具有悠久的历史，对中国文化有广泛的影响。齐鲁这片地区具有丰富的物产，依山傍海，经济十分发达，这些良好的地区因素为当地的菜系形成提供了良好条件。在春秋战国时期有一位名厨，是齐桓公的宠臣易牙，他善和五味。《齐民要术》是南北朝时期贾思勰的著作，这部著作系统地总结了黄河中下游地区的烹饪技术，将许多名菜的烹饪方法记录下来，反映出当时鲁菜发展技术的高超。鲁菜还有一个别称："北食"，起源于宋朝时期，在明清两代已经具有一定的规模，形成了独自的菜系。

鲁菜的影响已经从齐鲁延伸到了京畿，到达了关外和黄河流域以及东北地带，具有广泛的饮食群众基础。山东，也就是齐鲁之邦，具备各种各样的食材，如海鲜粮油、蔬果牲畜、昆虫野味等，烹饪的物质条件十分丰富。在经济文化和交通事业的历史演变过程中，鲁菜又分成了两个菜系，胶东菜系和济南菜系，分别诠释了沿海与内陆的地方风味。在金、元之后，泉城济南被设为了省治，当地著名的烹饪厨子在物产丰富的情况下，对当地的厨艺进行了全面继承，同时吸收外地的先进经验，融合了福山、济宁和曲阜的烹调技艺，精湛而又完美地发展了当地的烹调技术。济南菜具有广泛的取材范围，从山珍海味到瓜果蔬菜，即使是简单的食材也能够做成美味佳肴。

济南具有兴盛的饮食业，当地有许多久负盛名的老店，如汇泉楼和聚丰德等都是典型的山东传统风味老店。烟台和青岛都是胶东半岛上善于烹制海鲜的地区，此外，泰安善于制造素菜，以豆制品为主要原料；鲁西、鲁北地区善于制作禽蛋菜；鲁中地区善于制作鱼菜和肉菜。山东菜集合了各个地区的烹调技艺，具备各个地区的风味，形成了自身的特点进行发展，在历史的长期演变下，形成了独具一格的菜系。

鲁菜是最典型的北方菜，也是中国烹饪著名菜系的一种。在明朝和清朝，鲁菜是一种独立体系的菜肴，在黄河流域及其以北的广大地区都有广泛的影响，全国菜肴、宫廷菜和北京菜等都受到其深远的影响。现在的京菜菜系集合了蒙古族、回族、满族等民族的精髓，还受到鲁菜的影响，北京人喜欢的菜肴"溜肥肠""宫保鸡丁"和"糖醋鲤鱼"等都是鲁菜的代表菜肴，甚至连闻名中外的"烤鸭"也来自鲁菜。

孔府菜、胶东菜和济南菜共同构成了鲁菜,济南菜是最出名的典型。济南菜以选材广泛和刀工精细而闻名,菜品的味道清鲜脆嫩,制汤考究。在熬汤的时候要严格遵循相应的规定,特别是清汤和奶汤的熬制过程,更要严格把控。清汤的特点是色清而鲜,奶汤的特点是色白而醇。烟台、福山和青岛都是胶东地区的城市,也是胶东菜的起源地。胶东菜闻名的是海鲜烹饪,口味清淡鲜嫩。孔府菜的特色是脍不厌细和食不厌精,用料考究、筵席丰盛,可谓和御膳宫廷菜有异曲同工之妙。

鲁菜的代表名菜有糖醋黄河鲤鱼、九转大肠、汤爆双脆、葱爆海参、胶东大排翅、泰山赤鳞鱼、德州扒鸡、奶汤鱼肚、锅塌豆腐、干蒸加吉鱼、清汤燕窝等。鲁菜面食品种极多。著名的面点小吃有福山抻面、潍坊杠子头、周村酥烧饼、济南扁食、济南糖酥煎饼等。

鲁菜的特点如下:①食材来源广泛。胶东半岛是盛产海鲜的地方,很多食材都来源于海产品;济南和济宁一带盛产山珍和瓜果蔬菜。②味道上重视纯正醇浓的原汁原味,基本不会将口味进行混合。葱香调味是主要的调味方式。③擅长海鲜的烹饪,制汤考究精细。④爆、扒、蒸烹饪技巧成熟,菜品口味清、香、脆、嫩、鲜。

鲁菜的烹调技艺主要是炒和爆等,以这种烹调技艺烹制出来的菜多鲜嫩脆滑。华北地区具有长周期的寒冷时期,蔬菜种类不多,厨师做的菜肴多是高蛋白和高热量的,如锅烧肘子、脆皮烤鸭等。鲁菜的风味多是奶汤和清汤的调味。

鲁菜的味道主要是咸味,其味道较为纯正,很少会有复杂的合成味道,每一道菜都有自己的纯正滋味,将原料的本味体现得淋漓尽致。山东风味以面食品种居多,如小米、高粱、小麦、玉米和黄豆等制成的各种各样面食,此类食品既可作为主食,也可作为餐桌上的名点。

葱是山东乃至整个北方人的佐餐必备之物,尤以生食居多。历史上对此的记载也很多:"葱,鲁人多生食。"(《中国实业志》)"葱以章丘为最肥美,男女皆好食之。"(《中华风俗志》)。究其原因不难发现,与物产有密切关系。

山东人喜食之葱为章丘大葱。《山东特产风味指南》(张廉明编)中记叙其特征为:"茎长而粗,葱白肥大脆嫩,辣味淡,稍有清甜之味。茎粗三至五厘米,重有一斤多。"大葱入菜的方式很多,如生葱蘸甜面酱卷饼,是最为出名的山东百姓的饮食偏爱。除生食外,鲁菜烹调中有很多以葱为主、辅料的名菜如"葱烧海参""葱烧蹄筋""葱爆肉""葱扒鱼肚"等。此外,以葱为调料的食品也相当丰富,如"葱油""葱椒泥""葱油绍酒"等。

葱具有较高的营养价值,每 100 克鲜葱就会含有 92～95 克水分,4.1～7 克碳水化合物,0.9～1.6 克蛋白质。此外,还具有丰富的胡萝卜素、维生素 C 和硫化丙烯。葱的辛辣香味十分特殊,可以调解腥味。在中医中,葱被认为能够驱虫解毒、通阴活血,可以较好地治疗风寒、头痛、感冒和痢疾等病状。

2.鲁菜——济南菜

济南菜包括济南、泰安、德州等地的菜肴。下面以济南菜和泰安菜为例进行阐述。

(1)济南名菜。济南菜善用清汤、奶汤制菜,菜品以清鲜、脆嫩著称,有"一菜一味,百菜不重"之称。鲁菜精于制汤,则以济南为代表。在济南菜中,用爆、炒、烧、炸、塌、扒等技法烹制的名菜就达二三百种。济南名菜,具体如下:

第一,奶汤蒲菜。是济南最早的一种传统名菜,素有济南第一汤菜之称。这种菜具有醇厚的汤鲜味,菜质脆嫩,被人们认为是最美味的汤菜。早在清朝以前,这款菜就在山东全省负有盛名,到今天仍然没有衰落。蒲菜生长在沼泽和水边,是多年生的草本植物。它的味道如笋,形状似茭,菜味微甜、具有清香味,口感细嫩。煮制奶汤的原材料是猪肘骨,猪肋骨和母鸡,汤是乳白色而起名作奶汤。奶汤蒲菜是以蒲菜为主料的菜品,也可在这道菜中放火腿片、冬菇片和苔菜花。制作蒲菜最有名的饭店是泉城路上的燕喜堂饭店。这种汤具有乳白的色调,菜品鲜嫩,奶汤醇厚。

第二,糖醋黄河鲤鱼。济南的传统名菜中,厨师会当场将活的鲤鱼进行清理,用油将鱼炸熟,再放入盘中,浇上糖醋汁。鱼的颜色是琥珀色,口感非常甜酸香脆。济南位于黄河的南面,黄河鲤鱼具有可爱的形态和鲜美的肉质,在宴会上是一道上好的佳肴。据说糖醋鲤鱼最早始于黄河重镇——洛口镇,后来传到济南,在制法上更加完美,它便成为一款名菜。

第三,汤爆双脆。济南燕喜堂的一道菜,也是传统名菜,历史十分悠久。它的烹饪方法是用旺火将汤煮沸,名为汤爆。这道菜的主料是鸡胗和猪肚,猪肚的取食部分接近食管。将鸡胗片的皮脂清理干净,猪肚和鸡胗用十字花刀切成小方块,用开水过一遍后捞出,在上菜时与特制的清汤一同倒入汤内,猪肚与鸡胗口感非常脆嫩,所以取名为汤爆双脆。

第四，九转大肠。济南传统名菜，首创于清朝光绪初年。九华楼是创造此菜的店，店主是一位济南富商，喜欢九这个数字，这个店主开了九家店铺，名字中都有"九"。店主在一次请客时上了一道菜，名为烧大肠，甚得客人喜欢，客人深知九华楼的主人喜欢九这个数字，为了夸赞主人烹饪技术的高超，为这道菜取名为九转大肠。他认为这道菜的鲜美可以与道家的九转仙丹媲美。从这时开始，九转大肠便名声远扬，成为一道著名的鲁菜，传入全国各个地区的鲁菜馆。九转大肠制作步骤如下：将熟的猪肠切成拇指的长度，放入沸水中煮熟，再将炒好的糖汁放入，而后放入葱姜蒜、白糖、酱油醋、清汤和盐以及料酒，均匀地搅拌，用慢火将汤煮尽，放入砂仁面、胡椒面、肉桂面和花椒油，最后撒上香菜末。菜品油光闪亮，肥而不腻，口感极佳。

第五，宫保鸡丁。这道菜是有典故的，清代有一位山东巡抚名为丁宝桢，他被封为宫保，也就是太子太保。他十分喜欢家中厨师炒的鸡丁，每次宴请客人时一定会上此菜，这道菜因此享誉天下。

第六，济南烤鸭。济南传统名菜。济南的饭庄和酒楼在明末清初已经大范围地经营起来。最著名的制作烤鸭的店有光绪年间的文和楼、东兴楼，清道光年间的德和楼。济南的烤鸭在《老残游记》当中有所记载。选用的原材料都是健壮的公鸭，以此保证传统风味的纯正，烘烤鸭子时运用无异味的干树枝。烤鸭烤好后具有红润的色泽，外酥里嫩，具有非常香醇的味道和鲜嫩的肉质。烤好的鸭子切成片，搭配章丘大葱甜面酱和黄瓜条等材料，用荷叶饼卷起再食用，具有极佳的味道。省内外具有最高声誉的烤鸭店是济南聚丰德和汇泉。

第七，清汤全家福。多在新婚宴席、老人寿诞合家团聚等喜庆的宴席上使用。这道菜用清汤调制，因此而得名。山东具有非常独到的清汤调制方法，从古至今都享有盛誉。清汤的原料是肥鸭子、母鸡和猪肘子，以旺火到文火的程度进行煮炖，煮出的汤味道鲜醇，清澈见底。在清汤的基础上配以鱼翅、海参、鱼肚等各种材料进行调制，汤的味道非常鲜美，常常作为压轴菜使用。

第八，葱段海参。海参质地柔软滑润，色泽红亮，葱香四溢，芡汁浓郁醇厚。

第九，炸荷花。荷花是济南的市花，济南有一项习俗是烹制荷花。每到夏天，大明湖中荷花盛开之时，济南人就会以荷花烹饪美食。老舍曾经写过一篇短文，名为《吃莲花的》，其中叙述了他在济南教书的20世纪30年代期间吃炸荷花的情景。制作炸荷花需要用清水洗净中层的花瓣，用干净的布将其中水分揾干，将土豆泥抹在上面对折备用,将蛋清和面粉制成的蛋包糊均匀地抹在折好的花瓣上,下到烧热的白油当中,炸好后撒上白糖即可,味道非常清香。

第十,扒芦笋鲍鱼。鲍鱼又名为鳆鱼,是一种软体的海产贝类。肉质越厚的鲍鱼质量越好,是海产的八珍之一。这道菜的鲍鱼肉质十分鲜嫩,颜色鲜亮,汤汁呈芦笋的白色。制成的菜具有别致的造型,红白两色非常美观,味道也是鲜美可口。

(2)泰安名菜。"泰山有三美:豆腐、白菜和水"这样的顺口溜在泰山地区广为流传,泰山地区用小石头对豆腐进行推磨,推磨后用泰山水制成浆状,而后经历十几道工序,制出泰山豆腐。因此,它的味道与人们常吃的豆腐有差别,味道并无苦涩之感,十分细腻美味。在厨师们的反复斟酌揣摩之下,创新出的豆腐成就了泰山豆腐宴,盛名远扬。泰山具有丰富的中草药和野菜资源,在巧妙的烹制与搭配之下,成就了泰山药膳宴和泰山野菜宴。泰山地区更有赤鳞鱼这样的特产。以下四种是泰山地区的主要名菜:

第一,泰山赤鳞鱼。泰山的赤鳞鱼是十分稀有的,在清代被认定为贡品。赤鳞鱼生长在泰山的山涧溪流当中,这些溪流海拔 270~800 米,赤鳞鱼长度不足 20 厘米,有美观的外形和机敏的动作,肉质十分鲜嫩,没有腥味、少刺,具有较高的营养价值。

第二,泰山豆腐宴。豆腐价格低廉,又具有丰富的营养。豆腐是历代帝王来泰山必不可少的菜品。泰山的豆腐在当地一代代厨师的创新和斟酌下成为一道泰山美食奇葩。以豆腐为主料的菜有百余种,如八仙瑶池聚会、人参豆腐、一品豆腐等,这些豆腐味道非常鲜美,深受海内外的游客欢迎。

第三,泰山药膳宴。泰山有适宜的气候和充足的水分,中草药的种类繁多。在对泰山丰富的中草药资源进行充分开发利用的基础上,与泰安厨师研制出泰山药膳宴。泰山药膳宴主要有冰糖黄精汤、何首乌炖羊肉、四叶参蒸鸡等菜品,有很好的延年益寿,防病治病功效。

第四,泰山野菜宴。泰山的野菜生长于林间溪畔和山川旷野,营养价值十分丰富,同时具有一定的药用功效。从古代以来就有食用泰山野菜的例子,历代帝王来到泰山都会食用泰山野菜,修养身心,民间也常用泰山野菜制作调剂生活的菜品。

3. 鲁菜——胶东菜

胶东菜是烟台、青岛等地的特色菜,起源于福山,善清淡烹制法,各种海鲜是其主要的原材料,以突出海鲜的鲜为特色。

(1)烟台名菜。烟台名菜享誉国内外,受到很多美食家的喜爱和追捧。如清汤三鲜鱼翅、葱烧海参、鸡茸鲍鱼、扒鱼脯以及蟹黄鱼翅等都是值得一尝的烟台名菜。烟台菜在小海鲜的制作上更是炉火纯青,非常有名,汤美菜鲜,色香味俱全。

第一,烟台盛产海参刺参,海参刺参中含有丰富的低脂肪、低胆固醇和高蛋白物质。葱烧海参的原材料就是烟台所产的刺参,该菜烹饪出来鲜香红润,再融入浓浓的葱香味,让人食欲大开。

第二,烟台长山列岛所产的鲍鱼更是享誉海内外。本地的名菜芙蓉百花鲍也从其形状和选料上进行了非常贴切的命名。

第三,鱼肉水饺是山东沿海一带的传统名吃,其皮薄透明,馅白鲜嫩有汁,味道鲜美,备受食者欢迎。

(2)青岛名菜。青岛菜的一个特征就是在烹饪中充分利用汤汁的保鲜作用,这也可以说是鲁菜的显著特征。鲁菜善于巧妙地利用清汤和奶汤来激发食材的鲜味,这在青岛菜的烹饪中有非常显著的表现。既很好地锁住了原料的营养,又能带给品尝者味蕾的享受。

第一,胶东名菜大排翅的汤料就非常有特点,其选择了当地口感较好的蔬菜作为底子,加入少量山东菜系所特有的葱油,这样不仅味美鲜香,更有一股清淡的葱香味。

第二,肉末海参。其海参的选料是来自渤海和黄海的刺参,口感柔软且具有韧劲,营养丰富。

第三,乌鱼蛋是一种稀有的海产品,它是墨鱼的产卵腺,含有丰富的蛋白质,历史上是山东海产品类菜品的一个佼佼者。烩乌鱼蛋浸润肺腑,回味无穷,赞不绝口。

二、山东服饰特色文化

山东位于中国南北交汇处,海、陆物产丰富。地形多样化,既有山区又有平原,受此影响形成了独具特色的民族风情和民俗习惯,对外省形成了辐射性影响。

山东的服饰民俗也有着悠久的历史,它是主要的棉花产区,桑蚕丝的生产工艺也非常娴熟精美,柞蚕丝生产更是起源于此,这为民间的刺绣、裁缝、印染以及纺织等技术的发展带来了非常便利的条件和优势。因此,山东产的印染品、刺绣品和成衣、纺织品都是享誉盛名的。

(一)头饰、衣裳与足衣

服饰,指人们穿戴在身上的服装与饰物的全部,包括服装本身及与服装并存的有关饰物。我国服饰形制丰富,种类也多、具体到人,一般可分为头饰、衣裳与足衣。

御寒保暖并非服饰发展和产生的唯一原因。人类社会关系的不断发展和人类文明的进步为氏族组织的成立创造了有利条件,由此动物关系开始向人类关系发展。

1. 头饰

头饰(首服)。历来用于头饰的有巾、帻、幞头、帽、抹额、冠、笠、钗簪、耳环、项链、围巾、斗篷等。下面以巾、帻、幞头、帽、抹额为例进行阐述:

(1)巾。这是一种布帕,通常用来包头,劳作时方便佩戴,起到保暖和防护的作用,所以又被称为"头巾"。

(2)帻。由布帛折叠而成,是用来包裹发髻的工具,一般较厚。

(3)幞头。是连接方巾四角的一种带子,起到固定头发和方巾的作用,具体用法是从后脑处向前额处交搭,再于颅后系紧,剩余部分则让其垂于脑后,这样的系法通常不容易散。据有关记载,这一装饰在北周武帝宇文邕时期就开始流行。发展至晚唐时期,开始流行在预先制好的头箍上包裹幞头来进行佩戴,有效地节省了佩戴时间。到了宋代时期,这种装饰成为官员特有的装扮,普通百姓不再使用。

(4)帽子。这类头饰最初在少数民族中流行,汉族开始佩戴是在魏晋之后,当时称之为突骑帽、风帽。帽子分为两种类型,一种是隋唐时期所称的珠帽、锦帽,明清时期称之为暖帽和风兜,这类帽子一般是御寒所用,质地相对比较厚实;另一种是方帽、高屋帽和六朝圆帽,到宋元时期也称之为高桶帽、仙桃帽和东坡帽,明清时期称之为四方瓦和鬃帽,质地比较轻薄,通常采用麻和纱制成。

(5)抹额。它是由幞头发展而来的一种额饰,是将长方形的丝巾折叠成长条形状,从额前往后固定的一种饰品。最开始出现在东汉时期,发展到宋朝,这种额饰由狗皮、狐狸皮和水獭等材料制成，故此也称为暖额。

2. 衣裳

（1）襦。这是一种上装服饰，长度一般只到腰部，因此也称之为腰襦。在东汉时期，男女都会穿戴，既能作为衬衣贴身穿，也可以作为外套来穿。袖口比较窄，呈对襟设计，到隋唐时期，衣襟放开的穿法也非常受欢迎。两宋时期，一般只有农村妇女穿着这一服饰。

（2）深衣。深衣起于春秋，盛行于战国、西汉。无论男女、不分尊卑均可穿着。《礼记·深衣》云："短毋见肤，长毋被土"，即是不露手脚直拖至地的大包裹长衣。较长大的一面衣襟由前绕后加以包裹绾结。

（3）袍。袍是在深衣的基础上进行一定的改良而得来的。深衣剪掉大襟，不再绕至前身来穿着。两襟和交领交叠成一个长筒形，称之为长袍。冬天的长袍中间可以絮棉，做御寒之用。这一服饰最早出现在战国，伴随历史发展，成为汉代后期最为常用的服饰之一。

（4）裳。裳的构造非常简单，是由前后两襟构成的下装，遮羞是其主要功能，基本上无法做御寒之用，发展到后期，其演变成由多片布帛连接的裙式样。汉朝的裳形式多样，既有间色晕染和面彩绘，还有百褶裙和羽毛裙等。

（5）裤。最早的裤出现在春秋时期，造型较简单，只有裤脚而没有裤裆和裤腰，因此也称之为绔，之后才逐步演变成现在的裤子形式。中原人士最开始的一套服饰就只包括了胫衣、上衣、裳和蔽膝。与北方游牧民族的裤装装束比较，中原人士穿着要费劲得多。随后，赵武灵开始提倡在军队中穿着裤子，秦汉时期开始，裤装在全国盛行起来。

3. 足衣

足衣，也就是现在说的袜子，最开始通常采用兽皮制作，直到纺织品出现后，开始有了丝绢袜和麻布袜，这种袜子穿着起来更为舒适。最早出现的袜子没有跟，平头设计，在袜筒上有带子，用于固定在脚踝上。足衣还包括履和屐。

（1）履。履也就是鞋子，一般分为四种，一是丝履、二是麻履、三是葛履、四是皮履。通常皮履在冬季穿着，葛履在夏季穿着，丝履在春秋战国时期开始流行，但兽皮、麻和葛制成的履仍有着重要的地位，在鞋跟和鞋头部分装饰一些丝帛面料。丝履在魏晋时期非常流行，有方头、圆头和歧头等履头式样。

（2）屐。屐是一种木底鞋，因此也称之为木屐。鞋底一般设计了一前一后两个齿，既可以防止鞋底磨损，也可以防止滑倒，有利于行走的安全。唐宋时期，女子皆要裹足，木屐开始逐步变成男人特有的鞋饰。直到明清时期，岭南女子开始穿着屐。这时候的屐通常都进行装饰，去除前后两齿，开始向拖鞋演变。

（二）山东特色服饰

1. 山东特色头衣（帽子）

（1）瓜皮帽。这种帽子有个圆顶，外表呈菱形状，帽顶用红绒结作为装饰，人们又把它叫作小帽、红疙瘩帽，还有人称它为瓜皮子和秋帽，这种帽子的款式渊源已久，是根据明朝的六合帽改造而成的款式。戴这种帽子的人一般是有身份的人，普通农民只有在重要的喜庆节日才会佩戴。

（2）毡帽。这种帽子有两种款式，一种款式是帽子的左边、右边和后边较长，向上折起像三只耳朵，往下折可以遮挡耳朵和后颈，人们常叫他"三块瓦"；另一种款式是大半圆形。普通的民众，比如农民和市井劳动者经常戴这种帽子。在人们口中，这种帽子还叫作帽头、毡帽头。

（3）西瓜皮帽。这是由六片合成的西瓜菱形圆顶单帽，以白色为主，也有青色和蓝色的。曾经在聊城市风靡一时。

（4）风帽。别称"风兜""脑袋子""将军盔"，因为形似神像观音的帽子而被人称为观音兜或者是观音帽。通常用作老年人的御寒之物，因此可以加棉，男女都能戴，颜色多为黑色。

（5）虎头帽。虎头帽一般是给小孩戴的，左右都有两只皮毛耳朵作为装饰，在正中间绣有一个"王"字，用料多采用鲜艳的绸布，并在帽筒周围装饰花边，用银饰或者铜饰镶嵌，非常具有特色。

（6）道士帽。是用彩色绸缎做箭状单片形成的童帽，一般是半圆形，多用于额前。

（7）牡丹帽。是一种边缘做花瓣形状的圆形女童帽，一般用刺绣为装饰，看上去很华丽。

（8）狗头帽和猪头帽。是两边帽耳都用毛皮缝制的帽子，鼻子、嘴巴、牙齿、眼睛等用刺绣为装饰，以铃铛为点缀，彩线为胡须。

（9）草帽。是一种用高粱秸、麦草或竹篾制作而成，用来遮阳和挡雨的帽子，形状有六角形、八角形、圆形、尖顶形和方顶形等，有"席角帽子""席角""苇笠"等别称。用草辫编成的草帽样式多样，变化复杂，是当今工艺草帽的来源。

（10）耳套。是一种用布缘皮毛做成的挂在耳朵上御寒的帽子，中间一般系有一条绳子，有"耳捂""耳圈"和"耳朵暖"等别称。

（11）"老头乐"。一开始只有老汉佩戴这类帽子，后来年轻人也开始佩戴。通常是圆筒形的，卷起来可以看到里面的软胎棉帽，放下来能够遮住整个脸和后颈部位，只留下两个眼睛的空隙，"老头乐"是在风雪天气中最保暖御寒的帽子。

（12）干部服帽。1949年之后，农村青年偏爱中山装制服帽，因为这种穿着是从干部处学来的，所以又有"干部服帽"的别称。

2. 山东特色上衣

古称上为"衣"、下为"裳"，所以现在山东许多地方称衣服为"衣裳"。除了正式的褂、衫、袍、袄之外，尚有兜肚、腰带、抄袖、套袖、手套之类的小件。

（1）一般男子上衣，晚清以来，主要有以下数种：

马褂。这是清朝时期显示特殊地位的穿着。与一般的外褂相比，马褂比较短，通常只到脐的位置。对襟和大襟都是山东常见的款式，大襟是在右边开口，并将不同颜色的绸缎进行镶边，颜色也以青色为主。直到1912年，马褂逐渐淡出人们的视线，不过其影响却是非常深远，现在人们还用词语长袍马褂来形容衣着整齐。

长衫。也可以称之为长袍、大褂等。是知识分子和商人在20世纪20—50年代所喜爱的日常穿着，在一些交际场合中，农民也会着长衫。

大衣。又可以称之为大氅，还有一种有帽子的款式，称为棉猴。

衫。即为褂子、单衫、汗褂子和小褂子。在清朝时期有两种形式，一为大襟，二为对襟。老人们一般都用大襟形式，不过夏季则穿着麻布制成的衫。而青年着对襟形式比较多，对布扣数量也有要求，一般选用5对或者7对，而4对或者6对通常是忌讳的，这是受民间说法四六不成才所影响的。前襟部位还会设置一外衣袋，也就是通常所说的对门小褂，这成为农民普遍穿着的夏装。紫花狸猫条布褂成为菏泽地方的一种流行服饰。20世纪40年代开始出现小布袋，也就是在左胸前缝制一个小衣袋，可以用来放置水笔，这在当时也是非常流行的穿着方式。20世纪50年代起，农村开始引入西装衬衫着装，受到很多青年的热捧，在当时也称之为洋服小褂，之后半袖港衫开始流行。

夹袄。夹袄一般在春秋季节穿着，有点类似于对门小褂，只是由表里两层制成，比小褂要稍大一些。夹袄在20世纪50年代以后逐渐淡出了人们的视线，青年人的着装通常以针织春秋衣作为内衬，外套多为中山装，这也是一种干部装扮，所以也称之为干部服，细分为国防服、学生服、工作服和中山服等类型。

西服。西服最开始在20世纪初流行于工商和知识界，到20世纪80年代之后，城乡居民的日常着装都以西服为主。

大襟棉袄。老年人喜欢着大襟棉袄，并以长布带系紧腰部，也称之为褡布带子或者扎腰布子，还可以将烟荷包、火镰、盛火绒和长管旱烟袋别在上面，或者直接将杂物放置于怀中。

皮袄。是旧时候富裕家庭才会有的一种着装，由羔皮、狐狸腿、狐狸脑袋、狐背、羊皮、貂等材质所制，羊皮袄是赶羊人所必备的一种装扮。

千张袄。这是临清所特有的。临清在明清时期就有非常发达的皮毛业，因此也会产生大量裁纸皮袄剩下的下脚料，工人将这些下脚料进行分别整理和拼接，形成千张袄。主要分为三种类型，一是大毛、二是单毛、三是小毛。

老棉袄。是沿海渔民出海时的着装，经过不断的缝补，可重10公斤以上，具有抗风耐湿的作用，在渔民中盛行了百年有余。

棉囤子。这是长岛渔民所特有的装束，是一种较厚的棉质背心，穿上非常臃肿，仿若一个粮囤。

蓑衣。是一种防雨衣，采用蓑草作为主要材料制成。

小大衣。在五六十年代开始流行，用毛皮和毡绒做领子，衣服两边缝制有斜衣袋，做暖手用。

风衣。在沿海渔区流行。底本采用破旧夹衣，在上面进行布片的补纳和缝制，这样下来，厚度有八层，非常结实坚硬，在出海捕鱼时穿着非常暖和耐用，还能遮挡风雨，成为渔民必备的服装之一。

百家衣。这是儿童穿着的一种衣服类型，由通常人们所说的从百十来家讨来的布片缝制而成，意欲让孩童更好养活，样式多用斜襟道袍的造型，非常可爱乖巧，又可以称为和尚衣和百岁衣。

背心。又称之为汗背心、汗溻或者半臂。通常包括两种款式，一种是对襟开口的，多用布扣或者按扣固定左右两片布料；另一种是在身子右侧开口，采用小布带系之。

坎肩。又称"坎夹子"，有夹和棉两种不同类型，因此又称"夹背心"和"棉背心"，在鲁中地区称为"押风"。若是小儿穿着，则常做棉背心，称为棉管倒。

（2）女子、儿童上衣，有下列数种：

衫。也称为布褂子和褂子。清代流行右开大襟的款式，至膝盖上方，袖口较大，领子也较高，并在襟和袖口处做镶边处理。经过不断的改良后，褂子长度有所缩减，袖口也开始做窄口设计，不再镶边处理。扣子可作布扣、琉璃扣、核桃扣和铜扣之分。受不同地区的风俗习惯影响，会采用不同的颜色和样式，山区和海岛等地善用红色为上衣颜色。

撮花衣。是在广饶地区流行的女布衫，有"绑花衣"的别称。制作时，将图案用线缝合在布料上面，经过浸染操作后拆除线条，就会留下白色花纹图案，是扎染的一种。

旗袍。不同的时代有不同的样式。

夹袄。一般和背心搭配使用，是春季和秋季的常用物品。有大小之分，但是都是大襟款式。大棉袄常常穿在最外面，一般较长，每个人都不可缺少。小棉袄短小修身，富裕人家所特有。将大棉袄穿着在小棉袄外面是普通农村妇女非常喜欢的装扮，她们对小棉袄的感情更为特殊，仿若母女之情。

曲阜地区的妇女若是已经过了六十岁，丈夫和儿女都在，就可以穿着红棉袄，套上青褂，在袖口和下摆处露出红棉袄，表明幸福安康之意。而绿棉袄多是苍山兰陵地区的老年妇女喜欢的着装。

蚂蚱鞍。曾流行于鲁中的女孩短棉背心。

背心。是用作妇女装束的一种服饰，清代时期常常穿着于外衣之上，长度到膝盖。之后这种背心穿着越来越少，只有夹、棉两种短背心用作内衣穿着。

斗篷。也可称之为扣钟，是妇女和儿童外出时罩在外衣上的一种穿着。

肚兜。或称之为抹胸，是青年妇女的贴身衣物，儿童也可在夏季赤身穿。是一种方形的对角设计服饰，在上角的地方进行剪裁使其成为一个半豁形即兜子口，在兜子口上系带挂在脖子上固定；小角设计成尖形或者圆形，在横两角处设置布带扎于腰上，在兜面上进行各种图案花样的装饰。蓝印花是印花中最为流行的花色，将回纹或者花朵构成的花边装饰于图案以及中心花纹周边，福字、三多果、早生贵子、连年有余、艾虎克毒等图案是主要的花纹图案。

绣花兜。颜色多选用红色，在兜口处有黑色镶边装饰，颜色冲击感强，雅致而活泼。在兜口处装饰刺绣或者装饰图样，兜面处有主题画如金鱼串荷花、喜鹊登梅、刘海戏金蟾等，常取吉祥辟邪之意，或者是作为幸福和爱情主题的体现。

年轻女人自制绣花兜通常用作己用,或者是赠予情人和丈夫,或者给小孩在夏季穿着。艾虎和长命富贵等图案常用于蓝印花布肚兜,在乡间得到广泛流传。

(3)套袖、抄袖、虎头袢子:①套袖。套袖是乡间妇女为了爱惜新衣而制成的,作为袖子的护套所用,现在这一习惯还存在。②抄袖。或者称之为暖袖、抄手等。一般有6~7厘米长,呈圆筒形,由两层组成,可在夹层中加以棉絮或者皮毛,将两手交叉其中,用作取暖,有些也会做一些刺绣装饰。③虎头袢子。这是微山湖渔家妇女特有的一种装束,目的是防止幼儿落水。底色面料采用黄色土林布为主,然后做一层衬布,在中间设置一个葛贝,也就是常用来做鞋帮的一种裁量,设计成虎头的样子,虎头一般长25厘米左右,宽20厘米左右。之后虎眉、虎鼻和虎牙用褐色、白色和黑色布片剪出,黑色剪出虎眼,白布剪出虎牙,将黑线连制成眉毛和胡须等,将褐色布包上棉花作为眼球和鼻子,黄色虎耳,填充一些棉花使其更有立体感。虎头后面带有一个布带,宽三厘米左右,分三四层红布细针缝制,非常结实耐用。在布带上再缝制两条长布带,长20~23厘米,细针密缝,在末端做一个虎头装饰,在出海捕鱼时,可以用虎头布带放置在幼儿胸前,并将长布带绑在船桅或"将军柱"上,一般来说,只有头胎孩儿或者独生男孩才会有这一装束。

3. 山东特色下衣

(1)裤。常见的有以下几种:

单裤、夹裤。民间称之为大裆裤子或者宽裆裤子,腰部和裤管部分的颜色不一样,青裤白腰在胶东地区比较流行,而鲁西、鲁南地区则采用黑色或者白色腰,花格土布裤。裤子穿好后,在腰部以带系紧,系紧的带称之为腰带、裤带和裤腰带等。红色裤腰带一般用于已婚青年男女,有些还会在上面装饰一些刺绣图案。而且乡间认为红裤带可以辟邪。长岛县渔民初次上船时,也会系一个红裤带,若是临时无法配备,也会将红布条缝制在裤腰上。

棉裤。以前乡间的生活非常艰辛,衣着装饰比较少,棉裤的主要作用是御寒,因此都会做高腰,并絮大量的棉花,着装后看起来非常笨拙,因此也被用来形容人嘴笨。棉裤基本上不会用全新的布料来缝制,若是偶尔为之,也是非常体面的一件事。

皮裤。这种裤子不多见,常见的为狗皮裤。海上渔民则穿着猪皮裤,下水时可以防止水的渗入,常用作御寒。

裹腿。是对军装的一种仿效穿法,选用草青色布料裹脚。多种纹折的裹脚在当时也是盛极一时。

（2）裙。常见有以下几种：

围裙。工匠是男用围裙的主要使用者。帆布长裙一般是铁匠所用，油布裙是屠户所用，而厨师和饮食小贩的围裙通常只有下半截，没有护胸；长岛县渔民出海捕鱼也会穿上油布围裙。妇女做饭时会穿上女用围裙，其由单片组成，选料一般是蓝布，全省城乡都可见。

从清代时期起，山东妇女的下衣就分为了裙和裤。裙子主要包括以下几种类型：

一是百褶裙，将绸布间折痕处理而成的。

二是绣裙。用于山东农妇结婚用，颜色多选用红色。

三是单衣裙和夏布裙。普通的农妇所穿，系于上衣里面。

四是围腰，也可称之为小围裙。较短单片制成，常系于腰间，妇女劳作时所穿，采用蓝印花布料制成，或者做一定的绣花装饰。本意是为了在劳作时保护衣服，不过人系上后别有一番风味，后发展成为一种舞蹈服装。

五是礼服长裙和蒙头纱。从结婚的凤冠霞帔习俗被废除后，新娘子流行穿礼服长裙，以头纱盖头，开始在城市流行，后来逐渐普及乡镇等地。

六是连衣裙。是少女的一种夏装装束，流行于20世纪30年代到50年代。

服饰风俗习惯的养成大部分受当地的山水乡土所影响，颜色选料也有较大差异。通常来说，城镇和平原地区一般喜欢素雅颜色，而山区和乡间比较中意于亮丽颜色和大花装饰。红袄绿裤也是山区常见的一种装束，给人浓烟之感，但细细品来，更添一份和谐之感。

4.山东特色鞋

（1）厚底鞋(千层底鞋)，这是一种男人的鞋子，鞋底有一寸厚，用缎、绒做出又浅又窄的鞋面，鞋的顶面有双梁和单梁两种样式，在鞋帮上绣上花纹或者吉祥意义的装饰。

（2）布鞋：又叫作圆口鞋、浅鞋、和尚头、朝光鞋。这种鞋男女都可以穿，一般用布或者猪皮、牛皮做底，用青布做鞋帮，圆口圆头，是农村地区最古老、最常见的鞋。在过去，几乎所有的农村妇女都会做。战争时期，这种鞋往往用作军鞋，并加以改良。为了便于行走，他们经常用两条布带绑着，系在脚背上。

（3）沙鞋：是山东菏泽地区的一种广泛采用的布鞋样式，这种鞋是用布做鞋帮，带紫花，鞋头也用黑布包裹。

（4）禅鞋：有些地方也叫作三叉子鞋、夹鼻子鞋、大鞋、牛鼻子鞋。20世纪30年代到40年代在农村地区很受欢迎。鞋底很厚，鞋帮纳上粗线，鞋头是黑色皮革，形状是一个长梯，像牛的鼻子。鞋帮和鼻子相连，缝合过程中会有棱角出现，穿着比较不舒服，但是特别结实和耐用。

（5）铲鞋：这种鞋一般是鲁西南山区农民穿的。这也是一种布鞋，这种鞋的鞋面有一个像钩子的东西，鞋后面的东西叫作"叶根"。

（6）靴子：有"二道门""夹眉靴子""一道脸"等样子，在各地很受欢迎。鞋底是布做的，鞋面一般由布或者绒做成，两个鞋由黑软皮相连，作为鞋子的"眉"，一般的鞋眉有单皮的，也有双皮的，最后在靴口和皮子交接处缝合。这种鞋好看、耐穿、舒适，过去许多制鞋厂家都采取此种方式制鞋。

（7）"三里扔"。是一种船形浅帮的草鞋，这种鞋是用稻草或者蓑草编织而成的。这种鞋在夏季穿很是凉快，并且不会长脚气。它的名字由来是因为这种鞋不是很值钱，随手都可以编成。

（8）木底纳帮鞋。这是一种木底的劳动保护鞋，这种鞋的鞋帮处会涂上桐油或者猪血并用线密密地纳上，一般长岛县渔民们出海时会穿它。

（9）生牛皮靴。这种鞋可以防水，因此生活在桓台、博兴马踏湖的农民割苇时，一般会穿这个鞋来保护自己的脚不被芦苇茬所伤。

（10）绣花鞋。这种鞋在缠足习俗时会穿，在山东的农村，绣花鞋有很多种样式，满绣的、只绣鞋头的等，不管家中生活条件如何，绣花鞋对于新婚的妇女是必不可少的。那个时候的妇女们都藏有很多绣花鞋的花样。

绣花鞋在山东莱阳地区十分受欢迎，出现了许多种类。从前的妇女在嫁人时要给夫家的每个人做一双鞋，其中给婆婆做的鞋的纹饰必须有一双佛手（代表福寿）、有一双葫芦。而新娘子本人要给自己准备一双"压箱鞋"和一双"换脚鞋"。"压箱鞋"是出嫁后别人"看针线"时用的；而"换脚鞋"则是新婚三日内需要穿的，鞋底为粉红色，用细麻绳纳上鞋底，大红布做帮，在四周绣上四时如意的绣花。

（11）扎根鞋。在山东菏泽地区，这种鞋一般是新生儿的外祖母或者姨做的。有个很有意思的讲究是，这种鞋的鞋底会留一节麻绳不纳进去，称作"留根"。

（12）老虎鞋（虎头鞋）。山东各个地方比较受欢迎的儿童穿的鞋。这种鞋的鞋面是用彩布做的，并在鞋头绣上虎头，后口处绣上虎尾，用来提鞋。一般情况下，小男孩在"百岁"后穿上虎头鞋，一直穿到一两岁。如何区分虎头鞋与猫头鞋呢，看虎眉中间是否有"王"字。

（13）猪头鞋（猪鞋），是给一至两岁的女孩穿的。这种鞋的鞋底为红色，黑色的鞋帮，前面的形状是猪嘴，在鞋头部分会有朱红色的鼻孔，一般使用刺绣手法，小猪的眉毛、眼睛等部位会按照人的样子来绣，旁边弄出两个猪耳朵，后面提鞋把手做成猪尾巴的样子。

（14）纳花鞋。是一种女鞋，在东明一带比较受欢迎。棉鞋和单鞋花样有所不同，棉鞋会在两面都绣上花，而单鞋只在鞋头上绣花。60岁之后的老人穿的花鞋与一般的不同，是青色的鞋面，在后跟和外帮上用纳绣绣上花，这样做出来的绣花鞋会更加结实耐用。

（15）鞋垫。是一般经常会用的日用品。有些手巧的妇女会在上面绣上精美的样式，带着很浓的本土地方特色。

5. 山东特色首饰

山东许多地方的妇女，特别是有钱人家的妇女，都有使用饰品的习惯。1949年以后，这一习俗被削弱了。进入20世纪80年代之后，随着商品经济的发展和人民生活水平的提高，装饰品的需求越来越大，他们佩戴的东西大部分是戒指、耳环、项链等，这些饰品中又以黄金和白银做的最为贵重

（1）坠：过去的女人都戴耳坠。女孩六七岁时耳朵就被刺破，扎上耳朵眼。平常时候会一直戴着小耳环，只有在节日或仪式上才会戴上长长的耳坠。春天，位于黄河口的年轻女人从黄河口拔出柳枝，在耳朵周围做耳环，叫作"柳坠儿"。而微山湖的年轻女人则用菱角做耳坠。

（2）手镯：在过去，妇女大多会戴手镯，手镯为银质的，有许多形状，越重越贵。金手镯哪怕在富裕家庭也并不常见。有的孩子会戴脚镯。

（3）长命锁：在鲁南地区又被叫作"脖锁"，是一种银质的戴在儿童脖子上的饰品，带有链，是锁状的，上面刻有"长寿吉祥""富贵长命"等字样，吉祥图案和银铃也是重要组成部分。长命锁至今依然流行，材质基本都是金属镀银。银项圈、手耍（银莲蓬）、菱手镯等在鲁南地区也很流行。

（4）荷包、桃雕饰品等：潍坊地区比较流行布艺装饰。在端午节，妇女们会开始绣荷包，在荷包中装入中草药，做成"香荷包"，用来比赛或者馈赠亲友。

相传这种荷包具有驱毒辟邪的功效。丁包上绣扫帚、簸箕、虎头、瓜果等放在一起就形成了"虎头串",有虎镇百兽的象征意义,簸箕和笤帚是扫除病灾的象征。新婚的新娘在结婚后第三天回娘家,返回婆家时把精心制作的眼镜盒、针线盒(包)等分发给小姑和公婆。胶东地区荷包和桃核雕品通常用作男女定情的信物。在青州地区,孩子们经常带着桃形荷包以及桃核雕成的小篮子。老人们将红色的手帕别在衣襟上,或者带着桃木小棒槌和桃核雕制品。

(5)钥匙袋:用精美刺绣装饰,存放柜子的钥匙,挂入室内当作装饰品。

(6)蒲扇:蒲葵叶做的圆形扇子,是从南方运到山东的。它非常轻,便宜耐用,流行了上百年。蒲扇是所有的圆形扇子的总体称呼。麦草做的圆形扇子被称为"麦秸蒲扇"。山东省农村做的"麦秸莛蒲扇",品质优良。

(7)扇子:从前叫聚头扇,又称折扇、折叠扇。清代时长度可达30到40厘米,后期的长度变为20~27厘米。它们非常脆弱,容易损坏,通常是一些有身份的人家使用。

(8)伞:山东使用的伞大多是从南方运来的,通常是油布雨伞和油纸伞,分别叫作旱伞和洋伞。以前,新媳妇回娘家,"带伞骑驴"很是流行。

(9)手帕:又叫作小手巾、手绢。起初人们常常随身携带使用。后来用精美的刺绣绣在上面,使它具有装饰作用。以前,妇女们穿着新衣服走亲戚,她们经常戴着绣花手帕,别在身上,增加自己的仪表装饰。

6.山东其他特色用品

(1)包袱:很长一段时间以来,包袱一直是最受欢迎的东西。女人回家储存衣服和杂物时,必须先将东西用包袱包装好,串门的礼物也必须用包袱包衣服,用篮子包装其他物品并密封。曾几何时,年轻的妇女们或走或骑驴子,将包袱抱在怀里;有时则是丈夫或者兄弟拿着篓子,媳妇抱着孩子,用包袱盖着里面装着的礼物。如今,在农村公路上行驶的摩托车上,很容易发现包袱的影子。由于女性爱美的天性且包袱在她们中的广泛使用,包袱印花是工匠们发挥创意的主要地方,山东的包袱丰富多样,美观大方。

印花包袱主要有两种:简单的蓝色印刷包袱和漂亮的彩色印刷包袱。此前,山东各作坊印制的蓝色印刷包袱的图案有水盘菊花、狮子滚绣球、凤凰串牡丹、鲤鱼跳龙门等。彩色包袱中,嘉祥县产的包袱最精美,天女散花图、十二龙戏珠、麒麟送子、百花争艳、孔雀开屏等,相对古老的图样有耄耋富贵等,也有诗意盎然的"牧童遥指杏花村"图样。如今，虽然这种包袱运用得不太广泛，但它作为一种具有浓郁乡土气息的高价值手工艺品，越来越受到世界各地的赞誉。

红包袱，流行于胶东的沿海地区，妇女们用这种大红包袱给出海的亲人包衣服，将红色的布条缝在亲人的衣服上。

（2）被子：在西南部通常被称为"盖的"，和褥子并称为"铺盖"。分为夹被和棉被。被面和被里通常叫作"表"和"里"，絮在其中的叫作"套"或者"胎"。有的人家用棉絮做胎，叫作"花胎"；有的被子会绣一些装饰物，作为被头；有的则在被头接一块印有图案的蓝印花布。

（3）褥子：褥子表面的叫作褥面，由褥心、褥边、褥角组成。每一部分都有自身专门的图案。褥心作为主图案，有许多样式，如果瓜团花、猕猴摘桃、双喜双寿、烧饼花、鱼龙变化、金鱼满塘等；褥边也分为内边、外边、大边、二边、三边、文武边等，装饰图案也有很多，如月牙、茉莉骨朵、勾藤、流苏、秋海棠、破花（半花）等；褥角分为直角、圆角、八角，图案有吉祥草（卷草）、荷叶、戟、蛾子、牡丹等。还有一种用各种动物皮做的皮褥子，如狼皮褥子、羊皮褥子、狗皮褥子、袍子皮褥子等。

（4）门帘：一般悬挂在起居室，主要由门帘、门帘钩、檐子三个部分组成，有的还会加入门帘飘带作为装饰。从前，彩色印花布和蓝印花布是门帘制作的主要材料，图案主要有檐子、花纹、中心花边等。白鹤团花、寿字团花是檐子的主要装饰，宽边满地花是花边的主要形状。中心花纹图案主要类型有：二龙戏珠、福寿平安、竹报三多、大花瓶等。绣花门帘一般用在喜庆节日中，随季节的不同而更换。现在流行的门帘材质主要有塑料、纸质、旋转木门和草编等。

（5）墙围子：挂在床上或床旁的墙上，以掩盖墙上的灰尘。大多用蓝印花布，图案有平安团圆等。

（6）枕头：又叫作斗（头）枕，分为方枕、扁枕两种。枕头上有缝隙、凹痕，耳朵在枕头上不会受到挤压，称为"耳枕"。枕头上有绣花，布大多为蓝色印花布和彩色的印花布。

（7）枕巾，又叫作"枕头护布"，用蓝色印花布制成，印有梅兰、花瓶等图案。

第三节　山东交通与生产特色文化

山东文化历史源远流长。沂源人是最早出现的山东人，沂源人的发现表明山东至少有四五十万年的历史。山东境内的滕县北辛文化是新石器时代早、中期的一种文化，其文化发展也有 7000 多年历史。除上述文化外，山东还有龙山文化、大汶口文化等。山东的奴隶制社会开始于夏朝时期。商朝的活动地区主要是在山东，商前期三次立都于山东，为山东成为商朝的主要活动中心创造了条件。西周时期，统治者开始推行封邦政策，周公旦的封地就在鲁。山东地区的农业和手工业非常发达，其文化举世闻名。秦汉时期，今山东地区号称"膏壤千里"。隋初，山东各州县遍置粮仓，户口占全国总户数的 21%。唐代开元天宝年间，每年要将山东几百万石粟米漕运至关中。开元年间，"海内富实，米斗之价钱十三，青、齐间斗才三钱。绢一匹，钱二白"。明初到洪武二十六年（1393 年）时，山东耕地面积达到 4.8 万平方公里，为北宋时期的 2.4 倍，居全国第五位。清康熙年间又增至 6 万平方公里。农业发展所形成的文明是中国传统文化的重要组成部分之一，对之后中华民族文化发展的影响和作用也是不言而喻的。

一、山东交通特色文化

人们的生产和生活都是在一定的时空域中完成的。而人类的所谓文明进步史，就是在一定的时间内，扩大着生产和生活的空间，或者在一定的空间距离内，缩小着为生产和生活所花费的时间，而交通正是包涵距离和时间这对因素的重要概念。交通与环境有关，人类在海上的交通工具是船，在陆地上的交通工具主要是车，在空中的交通工具是飞机。就特别的自然环境，对有些民族来说，则又是一番景象，如在沙漠中使用骆驼，也是从生产和生活的实际需要考虑，并考虑草原距离等情况，从而采用的一种交通方式。

通俗地说，交通文化就是出行文化，是指人们在生产和生活中为了免受距离限制而对交通载体和交通方式进行创造和使用的过程。交通文化主要受环境和距离影响，因此具有一定的环境和距离特征。冰雪平原上，人们经常使用的运输工具是马拉雪橇，而狗拉雪橇则经常出现在丘陵和山区等地。只有处于交通环境不便的情况下，人们才能深刻体会出行不便的困扰。为此，人们会利用自己的智慧，结合当地的环境特点，创造和使用交通工具。于是，草原、沙漠和河流地区出现了不同的交通工具,这也是交通文化发展的基础。

交通文化是文化形态的一种,它的表现手段和内容都具有一定的特殊性,是基于交通、交通资源以及交通技术支点的基础上进行物质财富和精神财富创造的过程。所以,从广义的角度来看,交通文化包括以下几个方面,一是受物质形态影响而产生的交通文化;二是受社会规范影响而产生的交通文化;三是受行为方式影响而产生的交通文化;四是精神观念产生的交通文化。

下面以山东交通特色文化在旅游业方面的应用为例,进行阐述。

(一)交通特色文化长廊

交通特色文化长廊是一种具有深厚文化内涵和鲜明时代文化特征的、有效融合城市文化的交通文化。它是使交通的发展跳出纯经济的范畴,从一条交通干线变作集运输与文化传承于一体的交通文化长廊。从历史的角度看,文化的融合必然与经济的融合相伴而生,并在经济的融合过程中发挥重要的引导作用。而在这一融合过程中,交通文化长廊正好能起到一个桥梁的作用。

山东省交通文化长廊具有代表性的当属济南泉城广场。泉城广场中的文化长廊位于广场周边,如玉屏一般立于广场,站在文化长廊上,不但能够鸟瞰广场全貌,而且能够非常系统全貌地展示齐鲁文化的精髓和内涵。解放阁位于长廊的中部,给人一种画中游的意境之美。长廊两端和柱杵处分布了《圣贤史迹图》浮雕,为人们讲述了14个非常著名的历史故事,其中就包括"舜耕历山"等,这也是对齐鲁文化的清晰呈现。圆雕塑像有孔子、大舜等12位齐鲁历史名人,分布在长廊内部。

(二)特色文化旅游街

纵观以济南泉城路步行街为代表的山东省文化旅游街,多数文化旅游街以完全步行街或公共交通步行街为主。对于仍以交通分流功能为主的文化旅游街开发,如何与城市交通建设相协调,如何营造良好的旅游感知空间,这是一个需要慎重考虑的问题。

(三)运河交通特色文化

从元代至清朝中期这段时间内,中国的北方政治中心和南方经济中心都是通过运河来进行互通有无。这在很大程度上保障了国家的政治稳定,推动了中国的经济发展。漕运文化也成为运河交通文化的核心部分,是运河文化不可缺失的一部分。漕运是中国交通文化所特有的,在各个朝代都发挥了重要作用。以历史的角度看，漕运不仅方便了南方粮食向北方调运，而且有利于国库储存和粮食供给，这也是最早体现古代国家政府行为的一种文化。

意大利的马可·波罗在我国17年，多次到过临清、济南、东平等地，并记入《马可·波罗游记》中。明永乐十九年（1421年），苏禄国东王巴都葛叭哈剌等率团访明，为第一次大型外国使团访华，因东王病逝于德州，故就地建设苏禄国东王墓，今已经发展成为一个中等规模村落，作为中菲友好的象征。日本勘合贸易使船也11次派出船队进行沿运河线的贸易活动，多次游历济宁、聊城、德州、临清，另外，一些外国僧侣、文人也广泛游历山东，借以吸取先进的中国文化，也给中国带来了风格各异的外邦文明，促进了世界的大融合和交流。

这些遗迹已成为旅游业发展的重要载体。运河沿岸的聊城也在积极打造"江北水城"的城市旅游品牌，已经吸引了众多的国内外游客前来休闲观光。

（四）海洋交通特色文化

山东的海岸线长达3024.4公里，占到全国大陆海岸线的六分之一，是除广东外中国大陆海岸线最长的一个省份。沿海分布了20多处天然港湾，296个近陆岛屿，其中最大的岛屿群是庙岛群岛，面积达52.5平方公里，由大大小小18个岛屿组成；有三千多平方公里的沿海滩涂面积，水域面积高达1.3万余平方公里。山东这样得天独厚的地理条件为海上运输和海洋资源开发利用等产业发展提供了非常便利的条件。

（五）中国古车特色文化

我国古代陆地交通工具主要有车和马。在当时来说，制车工艺是非常系统且复杂的，而国内的制车技术一直闻名于世。马具中有一个不可或缺的配件：马镫，其由中国发明。这体现了我国传统文化对人类文明的重要价值。在临淄区齐陵镇后李官庄有一个临淄中国古车博物馆，它是国内目前为止最为齐全、系统的马车遗址遗迹文物陈列馆。该馆始建于1991年，落成于1994年9月，占地13300平方米，建筑面积3600平方米，主要分为两个部分，其一是春秋车马展厅，里面呈列了10辆春秋殉马坑殉战车，32匹战马，不管是从规模上还是从马饰的精美程度和配套上来说，都是全国第一，这也是中国重要的考古发现之一。其二，是中国古车陈列展厅，主要陈列了临淄地区出土的古代车复原车、李车马坑出土的系列马车以及全国出土的各种古代车复原车等。中国古车研究成果在这里也可见一斑，是中国历代车乘珍品、中国的车乘历史和造车技术工艺的展示，体现出中国在世界车辆发展史的价值和地位。

（六）游船旅游特色文化

历史上，山东与国外最早的文化交流也是从海上开始的。早在公元前210年，秦时方士徐福，率数千童男女东渡日本，即从琅琊台乘300多艘船启程的。开展海上游船旅游也是山东旅游业最早的专项旅游项目。山东游船旅游开展于20世纪，在接待的城市停留二三天，除安排水上游览活动外，多数时间则为游览市容和参观名胜景点，夜间往往在岸上下榻。

海上游船旅游作为一个旅游专项产品，始创于20世纪70年代末。1979年5月，青岛、烟台接待了来自瑞典的游船"雷德布雷德"号，这是山东首次接待国际游船。1980年，由国家旅游部门转送给青岛市政府的"小青岛"号和海外华侨赠送的"找桥"号游船在青岛下海投入海上观光旅游运营。此后，威海、日照等沿海城市都相继开展了海上游船旅游项目。可以探访城乡居民家宿、文物古迹城市风景名胜，游览海上风光、品尝海鲜风味餐、参观工厂学校、观看文艺表演演出、购买当地土特产品等多种活动内容。1981年，4名日本女青年驾驶长9米、宽3米、4马力的小型游船"里布二世"号，沿1000多年前日本遣唐使的海上路线访问山东烟台、青岛、济南，于7月26日6时许抵达烟台港，中、日两国许多新闻界对此刊载了评价文章，在国内外引起了很大的反响。1983年3月，世界著名豪华游船"伊丽莎白二世"号载1200余名游客抵达青岛，受到热烈欢迎。山东省的海上游船旅游项目由于组织周密，接待热情，受到了国际旅游者的高度赞扬。

山东南部是多湖泊的地区，京杭大运河也从该区通过，20世纪80年代中期，山东旅游业开展运河及湖泊游船旅游，也深受中外旅游者的欢迎。湖泊、大运河游船旅游主要在济宁、枣庄、淄博等市开展。淄博马踏湖一带素有"北国江南"之称。马踏湖游船旅游创办于1984年，同年9月，来自美国、澳大利亚的记者旅游团参加了这一专项旅游活动。位于济宁市的微山湖是中国北方最大的淡水湖，贯穿南北的京杭大运河穿湖而过。京杭大运河枣庄、济宁段一直是富水段。1988年8月，枣庄市购置了第一艘游船，并于次年6月1日接待了来自美国和中国台湾地区的第一个旅行团，共31人。该专项包括游客乘船游览运河两岸风光，欣赏微山湖景色和66.7平方公里荷花，上岸体验风俗民情和浓厚的水乡韵味，品尝湖鲜，并观赏夜间壮观的湖上万家渔火等活动。自20世纪80年代中期至1993年，济宁、枣庄两市游船旅游已接待了来自十几个国家和地区以及国内的旅游者十几万人次。

二、山东生产特色文化

（一）山东农业特色文化

现在，山东的农业比较发达，在全国也是首屈一指，山东的农业发达，除了土地肥沃，人口众多外，还因为山东具有浓厚的农业文化。这种农业文化促进了山东农业的发展，同时还渗透到各个行业，取得了相得益彰的效果。这一点在农业文化旅游方面表现得尤为突出。

1. 山东农业文化旅游

农业文化旅游的本质是基于农业产生的一种消费功能，并非仅仅只是为了满足人们对营养物、生活用品等物质层面的需求，更重要的是满足人们对文化消费的需求。对于农民来说，绿色农业生态之旅的意义并不突出，不过从城市居民的角度来看，绿色农业生态之旅别具风情。农民每年都要下田种地，这是再平常不过的事情，但城市居民却将之作为一种具有特殊意义的农业文化旅游消费。它可以帮助城市居民更深入地了解农村生活方式、地方特色以及民族特色等，使旅客更好地融入当地生活方式，有利于文化认同和正确对待文化差异，从而完善自我，体现不同的审美情趣。

现在，山东各个地区也加强了对民族特色和地方特色的农业文化旅游项目的开发力度，临沂的沂蒙人家、寿光三元生态农业旅游、枣庄万亩石榴园等旅游项目独具特色，各有千秋，不仅实现了经济效益的增长，也体现了良好的社会效益。尽管农业文化旅游具有很大的发展空间，但是农业文化旅游项目开发要想产生较好的经济效益和社会效益有一定难度的。实践发现，农业文化旅游的特色是文化性较强，不管是从神似还是形似来说，都需要体现出独有的民族色彩和文化特色，才能将其打造成一个满足旅游者需求的农业文化旅游项目，促进其长远发展，使其经济效益不断提升。

2. 山东农业文化旅游的兴起

地域农业文化和地域旅游文化的不断碰撞和交叉产生了农业文化旅游，其兴起主要包括以下原因：

（1）随着后工业文明社会的不断发展，人们对回归自然的心理需求不断膨胀，而农业旅游项目就是顺应这一需求产生的。现在，人类的后工业社会发展获得了很大的成就,但是人们却离自然越来越远。这就为休闲热、生态热的产生创造了条件,让人们对自然花香、泥土气息、淳朴的风俗民情产生了浓厚的兴趣。在上述的吸力和推力下,乡村旅游应运而生。此外,从纵向的历史方面看,由于国情的局限,部分城市人也是由乡村人演变而来,城市居民和农村形成了千丝万缕的血缘关系。"上山下乡"的历史经历,寻根的潜意识驱动他们探亲。

(2)观光农业的兴起为国内传统农业和现代化结合创造了有利的外部条件,也为农民带来了一定的经济效益。我国是一个农业大国,农业是国之根本。国家的生存和发展都有赖于农业的发展程度,抓住并解决好了龙头问题也就抓住了问题的关键。提高农业效益是发展农业的有效途径。观光农业改变了传统农业仅关注土地的生产力,忽视了其观赏及有机组合所形成的氛围价值的模式,开拓了发展思路,实现了农业效益化和农民增收,从而促进国内农业的高精尖发展,最大限度地开发出农业的附加价值。

(3)农业旅游开发是国家宏观调控时期社会资金寻找新投资领域的必然选择,并成为新的经济增长点。

上述论述表明,随着农业的发展和时代的进步,农业文化旅游的产生是顺其自然的,也就是说农业文化旅游发展是立足于丰富的农业资源之上的,并通过以农业旅游内涵为主题的分析、规划、执行、控制和评估的市场化过程。可以预测,由于农业旅游的休闲化走向和潜在的巨大市场,再加上源自人类原始寻根和强化亲情的诱导功能,农业文化旅游将成为阳光产业。

3. 山东农业文化旅游的特性

观光农业旅游是一种绿色、环保的旅游出行方式,其文化性、互动性、观赏性和基础性都非常突出。

(1)基础性。农业旅游建立在农业资源的基础上,依托农民生活、生产及其所处的生活、生产环境所实现的旅游活动。

(2)观赏性。农业旅游可以使旅游者通过视觉充分地融合到自然环境中,别有情趣,可以让人们放下心理负担,尽情地拥抱自然。

(3)参与性。农业旅游可以让旅游者亲自参与,带给旅游者不一样的旅游体验,感受到农事的苦和乐。

(4)文化性。从内涵上来说,农业旅游就是带领人们体验其他区域或者其他文化的魅力,这也是工业时代人们对自然生活的向往与渴望的体现。

(5)互动性。农业旅游所带动的城市人口流动必然能够让人们相互交流沟通，摒弃和吸收一些东西，达到城乡互动。

4. 山东农业文化旅游形态

（1）观光休闲农业。旅游形态有以下五种类型，其一是规模达到一定标准的休闲胜地类，该类型通常具备清新怡人的自然景观，并进行了旅馆、球场以及餐厅等基础设施的建设，具有强烈的商业气息；其二是为旅客提供住宿的农舍和乡村旅店，其特色是设施简单，具有浓郁的乡土气息，让旅客更深入地体验农村的平静生活；其三是建立在观光农园基础上的综合性较强的农业观光带，将特色农园建立在风景名胜区周边，既能满足旅客观光旅游的需求，又能体验农村田园生活；其四是野生动植物观赏区，红树林保护区观赏、水鸟观赏区都是属于这种类型；其五是可以进行野味品尝的休闲旅游场所。

（2）观光渔业。这种类型可以进行旅游、垂钓和观光等多种旅游项目。不但可以让旅客进行游钓，还开设了钓具、钓饵商店，有力地促进了旅馆以及餐饮行业的大力发展。此外，水上赏鱼项目让观赏鱼养殖业得到快速发展。

山东的渔业旅游为游客提供了丰富多彩的自然风光，绚丽浪漫的金沙滩、曲延婉转的海岸线等，利用渔业资源，发展渔业旅游，是改变渔民生存状态的需要。当前，渔民们的生活面临严峻考验，一方面水质污染严重，不合理的捕捞方式破坏了鱼类资源；另一方面，国内和世界渔业发展接轨程度的深入，导致竞争压力加剧，渔民的转产专业问题显得更为迫切。山东以"渔"为中心，在深化鱼产品保鲜加工，做大海鲜贸易的同时，以渔港的社会资源、文化背景为依托，发展服务旅游业，设置旅游配套服务中心、生态休闲渔业观光旅游区、旅游文化广场、水产贸易中心、旅游观光码头、水产美食街等一系列的旅游配套项目，力争将生产与商业旅游、市政、文化等有机地结合起来。

5. 山东农业文化旅游主要景点

（1）万亩石榴园。峄城万亩石榴园建立在峄城西5公里的群山之阳，该石榴园建于东西长15公里、南北宽2公里的山体上，总面积有66.7平方公里。该园区种植了35万株石榴树，共43个品种，面积和品种都是全国第一，因此获得了"天下第一榴园"的美誉。石榴花开之时，红似火，白似雪，让人心旷神怡。等到秋季收获之时，树头挂满红彤彤的果子，让人忍不住想要品尝一番。园内还修建了一望亭、园中园、三近书院以及青檀寺景点，可供人们休闲和休憩。

（2）长岛渔家乐。长岛县是由32个岛屿组成的海岛县，又名庙岛群岛。位于渤海海峡、黄渤海交汇处，自古有誉"海上仙山"，是中国风景名胜区。每年吸引着近百万人次的中外游客来岛观光探奇。游客可以通过渔家乐旅游项目体验普通渔民家的生活，深入地了解渔家生活和民俗习惯。从统计上可知，该县参与渔家乐项目的普通渔家高达200多户，有2500多个接待床位，是全县旅游接待能力的三分之一。

（3）聊城"凤凰苑"。1998年，凤凰苑现代农业科技开发中心在聊城市建立。现在，该开发中心的主要任务是研究和探索农业综合开发项目，并获得了比较傲人的成绩，促进了生产、旅游、休闲、科研于一体的现代农业综合开发模式的发展，在界内受到广大的关注。它是一种全新的公园形态，和传统的公园规划有着本质的不同：其一，它的范围更为广泛，既包括了农业现代化生产、科研，也包括了成果转化和信息交流等，具有较好的示范作用和经营开发空间；其二，凤凰苑现代农业科技开发中心为中国未来农业新文明提供了方向，为世界农林科技博览展示提供了场地和空间。

因此，也可以将聊城凤凰苑看成是：其一，生产具备科学先进性，可以带来长期经济效益的实现，为现代农业公园发展奠定基础。其二，构建和谐、自然、整洁优美的生态环境。农业公园发展的文化根基在于对自然乡俗和民情的保护。其三，可以让游客更好地参与到生产过程中，获得更为切身的体验，对乡俗民情的感知更为具体，这也是当代科技农业公园旅游项目的特色之处。

（4）莱芜房干村农业旅游项目。莱芜市莱城区雪野镇房干村有158户住户，共计560人。目前，该村庄加大力度进行山水治理，对生产条件进行改善，对山林进行保护，然后再进行生态旅游业的开发，为当地的经济发展带来了非常大的贡献。德国帕特博士是国际环保专家、诺贝尔奖得主，他称房干村为"绿色天堂"。全国人大环境保护委员会主任委员曲格平教授也为其题词，"生态农业好，中华第一村。"

房干村成为山东农业旅游项目的著名品牌之一，已经是国家AA级旅游景区。

（二）山东手工业特色文化

1. 山东手工业特色文化的渊源

山东地区素以发达的手工业著称。山东的冶铁行业发展较早，早在春秋初年的时候，齐国就出现了铁制农具。发展到北宋时期，莱芜的冶铁规模得到进一步的扩展，开始赶超江苏利国监，成为国内重要的冶铁中心。明朝初期，山东的铁产量高达 158 万公斤，在全国排名第三。山东还有更多丰富的矿产资源，宋朝时期，登、莱盛产黄金，到元丰年间，全国百分之九十的黄金产自于登州和莱州两地。明朝初期，济南、青州和莱州共产出 16 万公斤铅。山东煤矿早在清朝时期就获得了开采，峄县煤矿也成为当时最著名的煤矿，到乾嘉时期，其有数百万石的煤矿被运往京师。此外，山东的纺织手工业也非常发达，在当时享誉国际。汉代三大纺织中心分布在定陶、亢父（也就是现在的济宁）以及临淄。产出的纺织品不但数量非常巨大，质量也属上乘。纺织品经由丝绸之路销往西域等地。所以，山东也成为丝绸之路的主要源头。山东出品的青州仙纹绫、兖州镜花绫也是闻名中外。青州织锦院于宋代设立，主要是生产高端纺织品。山东的手工业发展迅速，一方面形成了独特的手工业文化；另一方面手工业制作的历史遗存也成为今天旅游业发展的重要载体。

2. 山东主要手工业的特色文化

（1）风筝之都——潍坊。潍坊是山东东部地区的重要枢纽，也是一座历史悠久的手工业名城，早在明清两代，就以"二百只红炉、三千砸铜匠、九千绣花女、十万织布机"名扬天下，素有"南苏州北潍县"的美誉。潍坊是重要的文化发源地之一，其文化内涵和魅力独具特色，是非常难得的旅游资源。其民俗特色也受到国内外游客青睐。

（2）糖妹煎饼。山东的煎饼技术由来已久，发展成为品种丰富的特色小吃。1931 年，德顺斋煎饼铺在泰安刮煎饼的基础上首创济南糖酥煎饼。1956 年，济南糖酥煎饼在山东省手工业品展销会上获得济南名吃佳品称号。此外，1983 年，胜利牌和九顶塔牌糖酥煎饼都获得了部优产品称号，在全国多个省市进行销售，还在北京人民大会堂风味名吃食品专柜销售。它采用的主要原料是小米，色泽金黄，薄如纸片，营养美味，容易消化。在煎饼中还加入了各种水果如香蕉、菠萝、山楂和杨梅等。精美的包装和易于保存的特质都使其成为送礼佳品，被国内外游客喜爱。

（3）临沂市王老大剪刀。王老大剪刀厂主要生产多用弹簧剪、双簧羊毛剪、兔毛专用剪、彩色套塑剪、民用法兰剪及各种型号断线钳头等，生产的剪刀刀口锋利，外观新颖，采用特种高度的耐磨不锈钢，从原材料进厂至产品出运，均严格按程序操作。剪刀厂拥有多年生产经验，一流的设备，深得专业人士的好评。

始终重视产品质量,建立了先进企业管理系统,生产的系列产品享誉全国各地。

(4)烟台金玉纪念品。烟台金玉纪念品厂位于美丽的海滨城市——烟台,环境优美、气候宜人、物产丰富。烟台作为中国黄金的主要生产基地,其黄金、白银年产量占全国1/3,是我国最早的沿海开放城市之一。"金玉"创建于1997年,系生产各种高档纪念品的专业厂家。设备精良,技术一流。先后从香港特别行政区、中国台湾等地引进高新产品及先进工艺,使产品质量及档次实现历史性突破,已达到国际先进水平。

(5)昌乐县宝石加工。昌乐的地理位置特殊,在1800万年前曾经历过火山喷发以及造山运动,这也将一项重要的天然财宝也就是蓝宝石留在了当地。地产部门经过勘查后发现,这里蕴含了丰富的蓝宝石矿床,其色泽、结晶度、颗粒大小等在国内是数一数二的。为开发、利用这一宝石资源,在昌乐大建宝石开采厂,实现开采、加工、镶嵌和交易一体化发展,而且昌乐制定了一系列发展珠宝产业的优惠政策,并投资兴建了宝石大世界、昌乐珠宝街、五图珠宝街等珠宝加工、交易基地,有力地促进了全县珠宝业的发展。当前,全县珠宝企业达150多家,从业人员3万多人,年加工宝石能力达500万克拉、饰品200万枚。

(三)山东商业特色文化

1. 山东商业旅游

商业文化作为社会文化的重要组成部分,是由生产和流通领域中商品经济活动产生的一种特有文化现象,它伴随着商品交换的产生而产生,发展至今,已有相当长的历史。我国的商业文化可以追溯到夏末商初时期,物物交换的出现为自给自足、自我封闭的小农经济增添了活力,经过三千多年的历史沉淀,逐渐形成了茶文化、酒文化、烹饪文化、服饰文化等传统商品文化。

随着旅游业的蓬勃发展,商业与旅游业结合越来越紧密,于是便出现了旅游产品的一种主要形态——商务旅游。商务旅游有时亦称公务旅游,是商务工作者以商务为主要目的,将商业活动与旅游观光相结合的旅游形式。相较于一般的旅游活动而言,商务旅游是游憩活动谱中仅有的与谋生手段(或获取经济利益)有紧密联系的产品形式,其经济目的大于休闲目的。随着经济不断发展,在大部分发达国家和世界性大都市中,商务旅游逐渐成为旅游业赖以生存与发展的重要手段。通常情况下,商务旅游活动主要包括商务洽谈、会议谈判、技术交流以及这个过程带来的休闲娱乐活动。

商务旅游主要有以下特点：①旅游动机并非一般的休闲观光，而是商务活动；②旅游者往往是涉及各行各业的专业人士，与一般的旅游者相比，其消费能力与时间观念较强；③为了追求工作效率，商务旅游往往旅程较短但频次较多；④旅行目的地的选择受限，出于工作需要，商务旅游目的地并非由旅游者本人自由选择，并且在很大程度上限于城镇；⑤旅行费用的承担者是公司而非旅游者本人，因此不仅消费水平较高，对旅游的接待与服务要求也高。

2. 山东商业旅游形式

商务旅游具有以下五种形式：

（1）政务旅游。工作人员来往于各级政府机构之间，或参加会议，或接受教育，或举办活动，由此而产生了一种特殊的商务旅游，即政务旅游。比如，作为中国首都的北京，每年都因召开大型会议或组织教育活动而接收大批工作人员，这些工作人员的出行便构成了政务旅游；山东省会济南是山东其他地市政务旅游者前往的中心城市。

（2）会议旅游。会议旅游成为旅游产业发展的重要支柱，享有旅游之花的美誉。济南国际会展中心、青岛国际会展中心已成功地举办过多次重大会展，宣传了城市形象，有利于城市旅游效益的提升。会议旅游的特征比较突出，如需要较长时间的停留和较高的消费支出，人数规模较大，能够在旅游淡季带来经济效益，加强淡季和旺季的均衡性，还能更好地宣传和推广举办地。

（3）奖励旅游。很多公司将奖励旅游作为一种管理方法，对优秀的以及为公司作出贡献的员工给予旅游奖励。这一管理手段最先在美国流行。从中国的现状来看，奖励旅游的发展也是具有现实意义的，可以实现旅游产品结构转变和产业效益化增长。

（4）大型活动或节事旅游。又可以称为旅游节庆，通常包括轻体育比赛、地方特色产品展览以及节日等特殊事件。山东省的曲阜孔子国际文化节、泰山国际登山节、青岛啤酒节、潍坊风筝节等地方艺术节和文化节不仅促进了当地艺术的繁荣，使得艺术家获得更多的机会保护文化遗产，还在国内外市场宣传文化遗产，使游客对此类节庆产生极大的兴趣，为当地的餐饮、服务以及交通带来新的发展机遇。

（5）购物旅游。购物是旅游的六大组成要素之一，它是指旅游者在出游过程中常有的消费水平扩张现象。①

第四节　乡村振兴背景下山东乡村旅游提质增效路径与措施

"农业、农村、农民问题是关系到国计民生的根本性问题",为了解决好"三农"问题,2017年党的十九大报告将乡村振兴战略作为重大决策部署,指出必须按照"产业兴旺、生态宜居、乡风文明、治理有效、生活富裕"的总要求打造社会主义新农村,实现乡村振兴。2018年1月2日,《中共中央国务院关于实施乡村振兴战略的意见》发布,对实施乡村振兴战略进行了全面部署。

近年来,乡村旅游业陆续在我国出现,很多地区或是依靠独特的自然景观或是凭借特有的民俗文化,大力发展乡村特色旅游,并以此来优化本地区产业结构,推动本地区产业转型升级,将乡村振兴战略落到实处。实践证明,乡村旅游因其产业的综合性与兼容性,在很大程度上增加了农民收入,提高了农民生活品质,促进了农民思想观念的转变并使乡村人居环境得到明显改善,为乡村振兴提供了重要经验。

山东省乡村旅游业发展在地域面积、历史文化、人文风俗以及自然景观方面有着极大的资源优势,因此许多地市已然开始利用本地区的旅游资源,投入乡村旅游业的开发中。然而山东地区作为儒学的发源地,不管是官员还是人民思想都普遍保守,缺乏大胆创新,难以形成自己的旅游特色。同时,山东人的"官本位"思想严重,使得本来就以政府为主导的乡村旅游更加缺少人民的参与,以旅游业带动乡村振兴的效果并不明显。党的十九大报告提出了乡村振兴战略,这对乡村旅游产业发展来说既是一次难得的机遇,也伴随着新的挑战,而乡村旅游产业中最为突出的问题表现在以下几个方面,一是乡村旅游同质化现象严重;二是不合理的产业规划;三是整体的管理水平还有待提高,四是经济效益不够理想等。所以,为了贯彻落实乡村振兴战略目标,山东发展乡村旅游业必要要探索出一条提质增效的发展路径。

---

① 张旭. 山东文化旅游指南[M]. 济南:黄河出版社,2007.

一、乡村振兴背景下山东乡村旅游提质增效路径

(一)深入挖掘乡村特色文化

想要发展乡村旅游产业,就要深入地开发和挖掘乡村特色文化和乡村文化旅游产品,这样才能有效拓展乡村旅游产业发展的深度和广度。

其一,开发和挖掘山东地区的传统手工艺和文学艺术等独具特色的旅游产品。山东民间的剪纸、刺绣等手工艺术就是不可多得的民间瑰宝,因此可以充分利用好这一优势,打造主题博物馆或者非物质文化遗产展览馆等,做好宣传推广工作,吸引更多的游客;或者是开设特色作坊、技艺培训中心以及非遗大师工作室,为民间手工艺的发展注入新的活力。

对于民间传说、戏文、歌曲、谚语等文学艺术,可以与出版业、影视业进行合作,推出具体的文学与影视作品,使原本无形的文化变得具体形象化,打造有创意的乡村旅游产品。此外,像节庆类民俗产品,可以通过开展比赛并设立奖项的形式吸引游客参与,或者也可以结合当地条件建立节庆礼仪文化体验馆。

其二,充分利用山东得天独厚的农业发展条件,通过建立现代化农业博物馆、开展蔬果博览会等方式,将农业利用到乡村旅游中。比如,利用生物技术培育新的观赏性农副产品,营造梯田、花海等农作物景观艺术。除观赏以外,还要注重游客的现场参与,通过提供农产品种植、采摘、加工制作等体验活动,吸引更多游客,为乡村旅游探索出一条特色发展道路。

总而言之,深入挖掘乡村特色文化,利用当地特有的自然与人文资源,因地制宜、巧妙开发,是山东乡村旅游发展的关键。旅游项目的开发既要注重古代文化的传承,找准自身的乡村文化基因,又要利用现代科技,为传统文化增添新的生命与活力,在满足游客观景和休憩需求的同时,提供更加丰富多彩的文娱活动。这样一来,乡村旅游既告别了单一的商品结构又传承了本地区文化,既优化了产业结构又提高了经济效益。

(二)积极加强乡村旅游宣传

为了让偏远的乡村能够更好地走入大众视野,相关工作者需要从以下三个方面入手,加强乡村旅游文化宣传,打造优质乡村旅游品牌。

第一,明确乡村旅游品牌形象定位。结合当地的地理区位、物产资源情况、社区环境以及生态文明等实际情况,创造出独具个性的地方文化,为乡村旅游产业发展寻求特色发展之路。与此同时,虽然可以借鉴其他地区的成功经验,但是

要尽量避免因对其他地区旅游项目的盲目复制而造成的同质化现象。

第二，注重旅游者的口碑效应。优质的口碑往往是最好的宣传，乡村旅游要想获得长久的发展，就必须要借助消费者口口相传的力量。而乡村地区的旅游景点、基础设施、服务质量、生态环境、风土人情等无一不是影响旅游者口碑的重要因素，因此乡村旅游的开发需要综合考虑以上因素，提高自身的核心竞争力，树立良好口碑。

第三，突破单一陈旧的传统营销模式。在电子商务遍地开花的时代，传统营销模式在各行各业都受到了冲击，旅游业也不例外。而乡村地区各方面的发展本就落后，更要顺应时代趋势，突破单一陈旧的传统营销模式。比如，构建立体化的品牌传播平台、做好网站整合营销策划、借助各大社交平台进行市场推广。

（三）推进旅游与其他产业整合

1. 乡村旅游与文化创意产业的整合

"互联网+"时代的到来为乡村旅游产业的发展带来了新的机遇，在与相关产业融合的同时也促进了旅游产业链条的延伸，乡村走上了富裕和振兴的道路。如今旅游产业也有了新的发展，出现了高级形式——智慧旅游。所以，要不断地将乡村旅游业和信息产业相结合，可以从这几个方面入手：第一，将旅游产业与电子商务相结合，如网上购票、售物、在线解答等；第二，将旅游产业和信息技术相结合，如在景点提供全面无线、在线解说、网上宣传等。

将乡村旅游产业和文化创意两者相结合，以下三种模式是实现产业融合的重要途径：

（1）以乡村旅游为核心发展文化产业。把文化产业的产业价值体现到旅游产业之中，建设多样性的文化主题。

（2）将文化产业中的类似产业相融合。比如节日庆祝活动和文化表演，两者具有相似性，可以把两者进行结合，不但能使乡村的文化生活丰富多彩，还能够让游客体验当地的地域文化，除此之外还可以将其延伸成为乡村文博旅游和乡村体验旅游等形式。

（3）文化产业与相关产业渗透融合。乡村旅游产业是文化产业的重要渗透融合对象，将传统旅游产业去粗取精，把文化创意渗透到其中。

2. 乡村旅游与竞技体育整合

乡村旅游，顾名思义，是在乡村进行的旅游活动，其可以达到休闲度假的目的，具有地域性和自然性两种属性。竞技体育能最大限度地培养和激发人的潜在能力，得到身心和谐全面发展，具有体系化和制度化两种属性。乡村旅游是人们直接接近大自然的一种方式，有助于培养人与自然和谐共处的观念。根据乡村旅游特有的优势可以设计多种活动：野营、烧烤、徒步等。除此之外，乡村旅游还附有文化性、趣味性和娱乐性，把这些特点与乡村区域文化特点、少数民族的特点相结合，为游客增加新的旅游活动项目：打靶、骑马、水上活动等等。将可以回归自然的乡村体育活动融入乡村旅游产业之中，可以形成一种新颖的、特殊的产业形式。

3. 乡村旅游与康养产业整合

康养产业建立在健康养生的基础之上，这是目前的一种新型产业，服务对象主要是孕妇婴幼、青少年和中老年群体。将康养产业与旅游产业相结合能够带来更大的经济效益和社会价值，康养产业的发展趋势是很乐观的。康养产业的基础资源依赖性很强，旅游乡村在夯实基础建设、进行综合整治的前提下，完善康养产业体系。比如，在空气清新、环境优美的条件下建设度假村、养身院等，在海水资源丰富的地区建立海洋世界、水上乐园等，在草药资源丰富的条件下建立中医养生馆等，促进乡村旅游产业体系的完整性和健全性，使乡村荣获康养小镇之名。

（四）立足乡村旅游升级优化

确保乡村高级化工程的建设，从而不断优化乡村旅游产业。这就需要充分利用整合乡村特色资源，为乡村旅游发展创造条件，促进乡村旅游服务的升级和优化，确保乡村旅游产业的可持续发展，加强各种主题活动的开展，如休闲度假乡村、特色农产品等，便于提高乡村旅游的知名度。

为了更好地立足乡村旅游产业的升级优化，应注意以下内容：

（1）提高乡村居民的升级优化意识。相关政府部门向村民大力宣传、解说乡村旅游产业升级优化的必要性，使乡村居民重视乡村旅游产业的内涵发展。

（2）研发精品系列旅游品牌。在政府支持的前提之下，当地居民利用好现有的自然资源，开拓新项目：森林公园、水上世界、避暑村庄、休闲山庄等。除此之外，还可以延伸旅游产业的产业链，与信息产业相结合，提供全方位的服务，创造有特色的旅游产业。

（3）完善乡村旅游制度。政府部门和当地居民应该制定、完善旅游区的制度，提高服务质量，划分不同等级质量的景区，促进乡村旅游产业的标准化建设和发展。

（五）升级乡村旅游管理模式

提高乡村治理的效益，提升乡村旅游产业的管理模式。发挥政府的主导作用，建设标准化的旅游产业，使乡村旅游拥有规范化的服务、制度化的管理、标准化的质量。进一步来说，在政府的领导下完善乡村旅游的管理制度，协调相关部门的职能，有一致的目标，共同推动乡村旅游产业向前发展。

以政策引导的方式扩大市场和投资建设。相关的政府部门制定相应的政策，鼓励投资方渐渐增加资金投入乡村旅游产业，积极引导更多的社会资本以多种方式融入市场，如独资、参股或者控股等形式，确保乡村旅游产业的升级和优化。除此之外，还要引导旅游企业重组和资源有效整合，使乡村旅游与政府、市场实现高效合作。

引导乡村居民积极参加乡村旅游建设，促进乡村旅游多种方式经营：公司运营、旅游合作社等方式。把乡村旅游和社区治理两者相互融合，倡导当地居民人人投身乡村旅游建设。

（六）加强乡村生态环境保护

提倡保护乡村生态环境，旅游产业发展和环境保护同等重要，都需要高度重视。乡村旅游产业因市场的需要而产生，在发展的过程中极其容易发生以利益为目的的运营，从而导致乡村生态环境的破坏，失去乡村原有的生机和活力，对乡村的可持续发展造成很不利的影响。所以，乡村旅游产业建设时需要重视以下几点：

（1）注重乡村独特的原生态资源，给乡村居民树立保护自然环境意识，促进生态平衡发展。

（2）制定保护乡村生态环境的体制，完善乡村旅游区的管理制度，建设参与制定和奖惩制度等，限定人员数量，避免人数过多难以管理。

（3）发挥信息化系统的优势，在乡村旅游区设立屏幕宣传、电子监控等设施配套管理，把乡村旅游区往大数据化方向发展。

二、乡村振兴背景下山东乡村旅游提质增效保障措施

（一）完善乡村旅游发展政策

只有不断地完善和改进各项乡村旅游发展策略，才能让资金满足多元融资的需求。只有提供完善的政策支持，才能加速乡村旅游发展进度。乡村旅游产业在发展过程中会遭遇种种艰难和阻碍，而完善的危机管理机制能对风险进行分级和分类管控，将风险范围减小到可控范围；对各种有关乡村旅游产业的法律法规和措施政策进行完善，确保乡村旅游产业的顺利开展；并不断地完善乡村旅游公共政策体系，从而对乡村旅游产业实施有效的行政管理和监督。

足够的资金支持也是乡村旅游产业发展的基本条件和前提。山东省为了吸引更多的资本投入，在政府政策的支持下，加大力度吸引个人、企业等资本，在引进投资的时候充分考虑旅游项目的规模和实际情况，使其能够以有效促进旅游项目的长远发展为目标来进行资金融入。投资主体要根据自己所投资本的多少承担相应的权益和责任，对大额投资项目给予重点关注和扶持。

乡村旅游管理部门要将有关的咨询服务经过各种渠道传达给投资主体，为其提供正确的投资渠道。在引入资金时要积极主动与投资方沟通和交流，确保乡村旅游企业的资本需求得到较好的满足。同时为了有效引进周边地区旅游企业的资金，还可以采取区域旅游合作的手段来实现融资目标。

（二）完善乡村旅游服务设施

配套建设各种乡村基础设施，对乡村旅游服务设施进行完善。乡村发展的前提是交通的便利程度，所以对自然村、乡镇、建制村的道路硬化和建设工作也是非常重要的，这样能够加快乡村交通发展，让村村户户道路直通，提升乡村公路的等级。

乡村旅游产业的发展要建立在当地便利的交通条件和完善的水电等基础服务设施之上，除此以外，乡村的垃圾处理统筹安排、污水的处理问题妥善解决，厕所等基本需求完善等建设也都是乡村旅游服务发展的重要条件。

有意识地对乡村旅游景区的导向牌、旅游厕所、区路灯和相关环保标志等基础设施进行完善和健全也是促进乡村旅游产业发展的重要工作。并且还应该在县域范围内进行旅游项目处的停车场修建，解决旅游的停车等问题。

（三）完善乡村旅游帮扶制度

在促进乡村旅游产业发展中，政府的扶持作用是不可忽视的，能够积极引导

乡村旅游产业快速发展。从目前的状况来看，山东省的很多乡村旅游景区还尚处于摸索时期，其经验不足、旅游发展方向不明确和管理水平受限等问题都是乡村旅游产业发展所面临的最大问题。所以，帮扶制度的完善有利于促进其旅游产业尽早步入正轨，从而确保经济效益和社会效益的最大化和平衡化。

因此，山东成为乡村旅游发展智库机构也是很有必要的，为乡村旅游产业的发展提供行业专家指导，高校专家建议等帮扶制度。针对乡村旅游开展定期的专家座谈会，确保山东省的乡村旅游产业可持续发展。

（四）提升从业人员管理服务水平

引进大量旅游专业人才可以提高旅游从业人员的整体素质和服务管理水平。目前，山东省根据现有旅游教育资源，采取多种形式如委托培养、旅游高校联合办学等对旅游专业人才进行针对性的培训和提升，为山东省的乡村旅游发展输送大量高素质的旅游专业人才。还可以通过进修等方式，提升现有乡村旅游管理干部的整体素质和专业水平。

确保引进制度和优惠政策的落实到位，为乡村旅游经营管理人才的引进提供政策扶持，这样才能提高乡村旅游产业管理水平。人才引进计划的制定也有利于引进旅游专业人才，从而建立一个强有力的乡村旅游管理队伍。

乡村旅游的从业人员特征在于以家庭为单位，经营规模有限，性格不够外向。为了有效解决这一局限性，促进乡村旅游产业的全面发展，不仅需要落实乡村旅游发展规划，还可以针对乡村旅游管理人员开展进修、轮训等教育活动，提升旅游管理人员的服务管理水平和整体素质，只有培养专业的旅游经营管理者人才，实现乡村旅游管理水平的提升，才能让乡村旅游产业朝着标准化、规范化和特色化方向发展，为旅游产业的发展提供新的活力。旅游管理人员的旅游知识、当地风俗文化、乡土人情以及食品安全等知识的提升也是人才培养所要涉及的主要内容。加强乡村文化民俗宣讲人员的培养，从而更好地宣传和推广地方的乡土人情。①

---

① 刘迎华. 乡村振兴战略下山东乡村旅游提质增效路径研究 [J]. 烟台职业学院学报，2018，24（04）：7-12.

第四章 乡村振兴战略背景下山东旅游扶贫实践探究（一）

在深度贯彻十九大精神和习近平扶贫思想的进程中，在乡村振兴的背景下，扶持山东贫困地区，以旅游行业带动当地经济发展成为重要措施。本章重点探讨全域旅游视角下山东费县旅游业发展、山东聊城市旅游扶贫开发模式、山东寿光市旅游资源非优区旅游扶贫模式以及山东农村社区乡村旅游的精准扶贫路径。

第一节 全域旅游视角下山东费县旅游业发展

山东费县地处鲁东南，历史悠久，资源丰富。本章梳理了费县的基本情况和区域环境，并从费县发展全域旅游的宏、中、微观背景分析，通过分析阐明费县符合发展全域旅游所需的各种条件。

费县是低山丘陵区，具有复杂的地形，通常以浚河和访河作为分界线，将之分为南北两个区域，北边区域地势最高，中间地区较低，西南方向地势最低，呈现出从西北向东南倾斜的地势。丘陵地、低山地以及倾斜的山前平原是其主要地势，山地面积899.55平方公里，海拔在1000米到300米之间，占到所有面积的47.25%。丘陵地面积615.1平方公里，海拔在300米到120米之间，占所有面积的32.31%。该地区在中生代起就产生了燕山造山运动，而第三纪喜马拉雅山造山运动对其影响更为重大，使其形成了大量的块状山和一些断块盆地。费县包括了1400多个大大小小的山头，包括两个海拔1000米以上的山峰，75个海拔在500米以上的山峰。

费县大部分地区受温带季风气候的影响，一年四季都有充足的光照，春夏秋冬交替明显，夏季炎热，雨水较多，冬季则非常寒冷，雨水较少，旱涝情况常有发生。在不受霜降影响的情况下，气温在年均13.1℃～13.9℃。该地区经常受到季风气候的影响，降雨量达到年均850毫米左右。该地区分布了浚河、访河、谏河以及温凉河四条主要河域,并有123条支系河流,长达987.6公里,总流域面积达2123.8平方公里,是淮河流域的一部分。在该县内的流域面积有1827.4平方公里,属于沂河水系,其流域面积占到全县总面积的96%左右。

费县具有较好的交通地理位置,位于山东省的东南部。费县主城到临沂市的距离大概有40公里,距离青岛港300公里、距离连云港150公里、距离日照港只有100公里。境内还有京沪高速和日东高速公路的交汇点,东西方向还分布了327国道、017省道和文泗公路,南北方向有兴郝公路、沂那公路和沂蒙公路等,境内还有充石铁路,连接了全国铁路。

一、全域旅游视角下费县旅游区域构建与产业融合

(一)全域旅游视角下费县旅游区域构建

费县在全域旅游开展之年进行了新的总体定位,费县旅游在未来将会以生态保护、绿色发展为前提,以"文旅寿养"为牵引,以"沂蒙风光和沂蒙风情"为特色,以"沂蒙风情·国际田园度假旅游目的地"为定位,突出打造国际康体寿养旅游目的地和大沂蒙山旅游综合服务区。

1.打造生态旅游目的地

费县全域旅游首提塑造沂蒙老区独有的康体寿养模式——沂蒙山养生养老模式,打造国际康体收养旅游目的地。这一全新定位,是在费县旅游发展瓶颈时期所迈出的关键一步,它充分发挥了费县的区域优势,以费县优越的养生生态环境为依托,以医疗条件、养生产业、文化氛围为保障,以文旅寿养为特色,着力构筑"食、居、护、养、修"五维一体的新模式,切实符合我国老龄化社会到来的趋势。为实现这一定位,在发展方向上,书法、赏石、国学铸就等老年文化活动需要不断丰富,要重视孝悌文化氛围下的寿康度假和亲子融合项目,开发小运动量的旅游项目组合将成为康养旅游的亮点,文学研习、赋闲度假以及摄生养老等都是费县旅游项目中必不可少的内容。这些旅游项目最终把费县打造成老少皆宜的大乐园。长远来看,打造康养品牌会是费县旅游发展历程中的一次重要转型。①

2.强化区域核心支点

费县在制定旅游产业发展规划方案时,提出了"四区两带多点"的全域旅游发展思路。从这一思路出发,费县的县城应当建立文化体验中心、娱乐中心、生

---

① 陈雪钧,李莉,付业勤.基于价值链视域的旅游养老产业发展模式研究[J].企业经济,2017(7):105-110.

态休闲中心以及综合服务中心和旅游购物中心，体现"世界长寿之乡·最美生态费县"的地域文化特色。从建设进度来看，费县完成了当前费县最大的旅游休闲购物中心——蓝色港湾广场的建设工作，并已经正式投入使用。广场里配套的酒店、餐饮、休闲娱乐标准较高，完全能够成为费县区域核心支撑点。未来，费县的核心区域建设仍要继续，功能将继续完善。

其他基础设施方面，以"公厕"为例：费县的公厕改造进入新阶段，曾经被游客乃至本地居民抱怨的公厕问题得到了妥善解决，在"厕所革命"之风席卷全国的几年里，区域核心县城内实现了每平方公里内设置2～3座二类公共厕所，主街建设路甚至实现了每500米一座，当地居民和外来游客都能享受到费县的公厕建设所带来的诸多便利。

3. 核心景区带动周边景区的发展

当前，费县正在努力打造"1253"旅游空间发展格局，即"一城两带五廊三板块"：一城两带，是中华奇石城城市休闲区以及温凉河、浚河——访河景观游憩带；三横两纵，三横是指费县的向阳路、327国道和518国道，两纵是指234省道、大青山路—费芍路；三板块，包括北部沂蒙山地旅游板块、中部两河城市旅游板块和南部山水田园旅游板块。

在具体落实过程中，北部以天蒙旅游区为核心，辐射大青山纪念馆、云瀑洞天景区及大田庄果香慢谷乡村旅游风情区；南部由北京大地打造的许家崖乡村旅游综合示范区突出禅修养心旅游业态，连带马庄怡景园国际文化生态旅游开发项目；中部以中华奇石城·沂蒙百草园为中心，含红云小镇、文创园、颜真卿公园及规划中的兵学军事主题公园五大园区；东部以薛庄镇现代农业产业园与胡阳镇西红柿采摘基地为依托，发展健康农业与绿色采摘旅游，着力打造临沂城郊菜篮。

4. 突出乡村的旅游地位

费县乡村旅游的发展以不同乡镇、乡村的自然资源、文化资源为基础，提炼旅游主题元素进行特色定位，进一步提升费县全域旅游发展中的乡村力量。当前，费县的乡村旅游逐渐走向成熟。以排名第一的大田庄乡为例，它是以"果乡漫游"为特征打造的宜居、宜业、宜游的生态田园水乡小镇，核心功能包括社区、乡村休闲、养生人居、果品交易，已经形成了旅游接待服务并配套了住宿、餐饮、购物、娱乐等旅游要素，打造了主题酒店、农产品交易中心、养生基地、乡村酒坊、石磨坊等核心项目，近年来的游客数量也呈现出了逐年激增的良好势头。在费县全域旅游的发展过程中,乡村旅游的重要性不容小觑,每个乡村旅游区都形成了自己独有的特色,旅游业态也正在趋于成熟,乡村旅游收入在旅游总收入的占比也越来越高,带动的就业率以及扶贫成果十分显著,在未来,乡村旅游的地位要得到进一步的凸显。

(二)全域旅游视角下费县旅游区域产业融合

全域旅游所引申出的"旅游+"和"+旅游",充分体现了旅游业凭借其综合性、包容性的特点,将各产业的相关部分为旅游所用,创建旅游产业集群,实现集群效益,反过来推动各产业的发展,推动产业结构优化升级。

1.旅游与农业融合

旅游与农业的融合催生了新的旅游类型。依托现有农业发展基础、山居乡村风情、大地景观塑造等条件,费县可以通过精品农园打造、农业特产开发、特色乡村建设三层深化,形成系列乡村旅游产品。当前,费县已经全域打造了10个精品农园,包括蒙山现代农业示范园、农耕文化产业园等;凭借瓜果作物特产,费县打造了芍药山核桃、费县山楂、蒙山板栗等9个农产品特产精品礼盒;在12个特色乡村旅游小镇的带动下,费县相继建立了利山涧村、小南峪村、青云村等33个乡村旅游基地。

从乡村旅游的成效看,旅游与农业融合取得良好成绩:一是各类采摘、观光节等农业主题活动的开展带来的农业增效明显;二是旅游景区吸纳了农村劳动力的就业转移,也带动了相当一批农家乐的成长,解决了很大部分的农村人口就业问题,让更多的农民增收致富;三是加快了旧农村的改造和新农村的建设进程,收到了广大农村居民的一致好评。换言之,旅游与农业融合能够丰富旅游活动的内容的同时搞活农村经济。

2.旅游与工业融合

旅游与工业的融合诞生了工业旅游。当前,费县的新时代药业、温和酒业已经分别成为国家级、省级工业旅游示范点,国家3A级景区,费县也正在支持和鼓励温和就业投资建设国家4A级工业旅游项目——山东温和酒文化产业园。

当前,费县还需要深化现有工业旅游项目,需要注意三个方面:①户外用品生产上,基于费县作为沂蒙山区服务中心的定位,发展户外运动、户外休闲等旅游户外用品的研发生产,打造自己的户外用品制造品牌;②在农特产的加工方面,依托丰富的农产品优势,开展农特产品加工,推动农产品的产业化、商业化和特色化；③在旅游商品生产上，扶持引进旅游商品开发企业，建立集设计、生产、销售为一体的大型旅游商品企业。致力于真正实现以旅游业带动工业，以工业支撑旅游业。

3. 旅游与文化产业融合

在发展旅游与文化的融合上，充分挖掘费县丰富的历史文化、红色文化名人文化、奇石文化、民俗文化等，在保护的基础上进行开发。以文化园区为核心吸引，以文化作品（沂蒙山小调、大青山突围等）宣传营销，以文化活动（国际寿养文化节、石林梨花节等）扩大影响，形成特色文化餐饮、主题文化客栈等系列活动，实现文旅互动。

大青山红色文化园和沂蒙山小调文化园展现了专属费县的沂蒙特色，古都国遗址和颜林忠孝文化园彰显了费县浓厚的历史底蕴和美德沉淀，中华奇石城和颜真卿公园集展览、手工和贸易为一体……费县的旅游与文化产业紧密相连，未来必将实现所有景区都洋溢浓厚的文化气息，所有文化场所都显现明显的旅游符号。

4. 旅游与互联网产业融合

互联网的迅速崛起，给旅游业带来了一种新模式——在线旅游（Online Travel Agent），简称 OTA。OTA 指依托互联网，以满足旅游消费者信息查询、产品预定级服务评价为核心目的，包括航空、酒店、景区、租车等旅游服务供应商。近几年兴起的"智慧旅游"就属于这种新模式，智慧旅游实现了互联网与景区的结合，使游客可以通过互联网实现在景区内更便利、更智慧的旅游方式。

二、全域旅游视角下费县旅游发展路径

（一）强化文旅的互动

1. 以文旅互动推动品牌形象

城市竞争的核心和灵魂是城市品牌的竞争。费县物产丰富，文化多样，也有深厚的历史底蕴，在树立品牌形象方面，能够充分发挥文旅产业融合的优势，既要保持过去的形象特色，又要突显当下最新的旅游品牌，保留精华，与时俱进。

文旅互动的产品，主要包括文化节庆、文化演出、文化主题公园、历史文化街区等形态，这些产品形态既要结合当地的文化特色，又能够推动旅游品牌的宣传，让更多的人了解到费县品牌和费县特色。

2. 以文旅互动打造区域养生旅游品牌

之所以重点打造这一品牌，主要有以下原因：

（1）符合老龄化社会的发展趋势。众所周知，中国已进入老龄化社会，中国的人口总数众多，老年人口数量也非常庞大，截止到2018年底，中国60岁以上的人口数量已超过2.49亿，占我国人口总数的17.9%，比上一年度增长了859万，增长率为0.6%。在此社会背景下，费县将养生养老确立为全域旅游发展的重中之重，以养生养老为方向，打造临沂养生旅游第一品牌。

（2）拥有长寿基因优势。费县地处临沂环中心城半小时经济圈内，生态健康、环境优美、文化氛围浓厚、自然风景和人文景观等旅游资源丰富，更是公认的"世界长寿之乡"。费县的长寿基因由来已久，千百年来，费县人民依靠养生的气候环境、优质的劳作方式、健康的饮食习惯，成为知名的长寿之乡，谈到文旅寿养，费县既能够养身，又能够养心，自然而然成为临沂市长寿养生养老的首选之地。

随着生活水平的逐步提高，人们的消费观念也在发生变化，传统的养儿防老、四代同堂、社区服务以及养老院等养老方式已经落后，越来越多的年轻人甚至中老年人开始接受旅游养生、异地养老等新式多元的养老休养方式，费县正好可以抓住这一机遇，充分发挥城镇、乡村各自的优势，实现全域内的资源互补。

3. 以文旅互动彰显奇石特色

发展全域旅游之前，费县旅游最深入人心的非奇石莫属，费县素有"中国奇石之乡"之称，诸多知名媒体如"人民日报"、中央人民广播电台、中央电视台以及中央新闻纪录电影制片厂都对费县的奇石进行过报道。在全域旅游发展的新时期，费县围绕费县石确立了"亲情沂蒙，实（石）在费县"的形象定位，这一定位顺延了"好客山东，亲情沂蒙"的品牌体系，同时"实（石）在费县"既突出了费县奇石的特点，又隐含了费县人实在，服务实在的品质。费县奇石文化是费县县域文化中独具特色的组成部分，它在诸多方面都有着不可替代的地位：

（1）费县石实用性强，是费县人民提供了赖以生存的物质条件。史料记载，费县早在6000年前的原始社会晚期就有先民聚居，几千年来，全县80%的农村都是用石头垒砌房屋、院墙、铺路，生活中常用的石磨、石碾等都离不开费县石，即便到了今天，现代化的楼房和铁路依然离不开石头，单就费县来说，费县石为费县人民提供了赖以生存的重要物质条件。

（2）费县石满足了人们的文化生活需要，费县石凭借奇特的形态，璀璨的色彩，典雅不俗的神韵，被许多名胜古迹以及现代化新型建筑设计商争相购置，用于装饰点缀，费县石一旦落地坐成，装饰地域立显高雅大气，见者无不瞻仰观摩，美从心生，所以，"费县石可以美化生活、陶冶情操"不是一句浮夸造势的假唱，越来越受到大众的推崇。在历史价值方面，费县奇石代表着沂蒙奇石的精华，其形成反映了地球构造和沂蒙山区地质构造的形成和变化的历史；从文化价值看，费县奇石开发、研究和利用的历史，足以说明费县石文化在沂蒙文化中的独特地位；从经济价值看，费县奇石包括其艺术品和加工品的整体开发和观赏价值与时俱增，很多奇石一石千金、万金乃至无价。

（二）对接旅游扶贫

乡村旅游可以增加城乡交流机会，促进农村经济发展、调整农业结构，使农民增收增益，从而消除和减少贫困，乡村旅游对农村扶贫、消除城乡差异、推动农业现代化建设等都有无限好处。乡村旅游已成为费县旅游规划的重要组成部分，费县乡村旅游要逐步打破过去小而杂散的局面，要连点成线、连线成面，造就全域性旅游的局势。全域旅游大力发展共享经济，将成为旅游扶贫的重要途径。旅游对接扶贫的类型主要有以下几类：

（1）乡村旅游带动扶贫。费县拥有富集的旅游资源，依托资源优势，费县打造了特色各异的乡村旅游业态，包括景区服务型、生态古村型、文化营地型、山地养生型和民俗民宿型等多种类型的特色村30多个，代表性的特色小镇12个，鼓励贫困户开办农家乐、乡村民俗、采摘果园等，打造景观农业、休闲农业，通过政策扶持鼓励贫困户成为第三产业的经营业主，或是通过土地流转、房屋出租等方式，增加贫困居民的收入，帮助他们实现脱贫增收。

（2）景区建设带动扶贫。费县突出打造的银座天蒙、云瀑洞天、中华奇石城等景区，有效地带动了周边地区交通建设和旅游服务事业发展，推动周边生活环境建设改造，借助景区建设的带动，加上政策的扶持，村民可以发展景区所必需的业态，如开设农家小院、提供民居住宿接待、发展导游、参与景区建设务工、推动景区特产及旅游产品销售等，以此增加收入，使越来越多的人脱贫致富。

（3）旅游商品开发带动扶贫。费县拥有丰富的土特产品，煎饼、核桃、板栗、瓜果等特产畅销全国各地，费县也拥有多样的物质文化，剪纸、书法、奇石等层出不穷。以"旅游+"战略理念为指引，通过对土特产和独特文化产品的品位提升和特性改造，重新赋予他们内涵和地域特色，开发新的旅游商品，带动贫困户们脱贫致富。

（三）人才资源的引进培养

旅游业是最具开放性的行业之一，要想把旅游业做大做强，必须使其向着国际化方向发展，逐步与国际旅游需要接轨，注重精细化、高标准、高质量的服务和客户体验，而要做到这些，必须要有高水平的旅游管理、技术与服务相关人才做支撑。在这种背景下，费县要发展全域旅游，必须重视培养和引进高品质的旅游人才。

1. 加强人才的引进

（1）成立人才智库。费县全域旅游的发展离不开一支能力强，素质高，专业胜任的专业顾问团，这样的专业顾问团通过引进的方式成立，既能够解约时间，又能够解约时间成本。

人才引进必须要发挥政府的主导作用，把旅游人才开发放到旅游发展的突出位置，由费县政府牵头，完全能够成立一支由国内外旅游规划、旅游景区、旅游市场、旅游营销等专家组成的旅游专家智库，作为费县全域旅游发展的专业顾问团，以保障政府在推进过程中的咨询便利，准确把握创建路径的方向性和科学性。

（2）紧密高校合作。费县县域内有两所大学的分校区，分别是临沂大学费县分校和青岛理工大学费县分校，借助高校优势联合培养旅游高素质人才，可以通过多种方式：①可以搭建高校毕业生创业就业平台，支持和引导费县的大学生、高效毕业生参加大学生创业创新（"旅游+"，"互联网+"）等项目，鼓励费县当地大学生参与到费县全域旅游的发展中来；②为吸引大学生到景区景点旅游、创业和服务，可以不定期开展主题活动、票价优惠、志愿服务等多种形式，既能够获得更多大学生的关注，又能够提升景区景点的任性和活力；③鼓励高校设计针对性较强的专业，利用费县的景区景点建立培训基地，从而进行长期合作，培养满足旅游业发展所需的旅游管理、导游服务、酒店管理等各方面人才，提高大学生在费县本地的创业就业率。

2. 强化人才的培养

（1）加强管理团队建设。根据费县全域旅游发展的现状，景区、景点旅游的发展既需要补充急需人才，也需要有专业扎实、领导力强的管理团队，费县的全域旅游发展除了要引进管理型、专业型人才，也要善用新人，不断充实旅游中高等人才队伍，强化培训和教育体系，优化整体从业人员的素质和组织管理，把在管理、服务、创新、规划、经济及各方面有特长的干部或人才应用到最适合的地方,让他们各尽所能,在实践中得到锻炼和提升。另外,必须注重定期培训,让领导团队、管理团队获得足够的学习机会,与时俱进,并把旅游培训与饭店评星、旅行社管理、导游管理、景区评定等紧密结合,实施培训达标制度。

(2)培养社区人才。费县全域旅游的发展必须要培养全民旅游,让费县的原住民和各景区景点的社区居民都参与其中,共享其成果。以发展乡村旅游为例,作为世代居住本地的原住民,他们对周边环境比较熟悉,自身掌握的旅游资源更加丰富,在发展旅游的过程中更容易成功。通过扶持社区居民,培养他们发展农家乐、乡村旅馆、采摘园等,实现让他们"从全域旅游中来,到全域旅游中去",帮助他们完成村民身份的转换,这样既可以更快满足发展乡村旅游的需求,又能够鼓动社区居民的参与,让他们切实感受全域旅游带来的诸多好处。

培养社区人才,既可以调动社区居民的积极性,又可以让先发展起来的居民充分发挥带头作用,引领越来越多的社区居民参与到乡村旅游当中,为全域旅游建设添砖加瓦。当然,提高社区人才所需的基本素质非常重要,所以系统而有针对性的培训是必不可少的,这可以依托本地的村镇图书馆和县级图书馆,学习旅游理论基础,带动社区居民参观优秀景区景点,互相学习,取长补短,也可以邀请当地旅游业相关的知名学者、专家们开展培训讲座,定期和不定期地向社区居民传授相关理论和实践知识,以保持社区居民在旅游发展中的先进性,做到与时俱进。

(四)培养全民旅游意识

全民旅游一方面指以旅游者的身份参与旅游活动,参与人数达到一定程度;另一方面指国民以旅游接待者的身份参与旅游接待活动,通过有偿或无偿地对旅游者提供旅游活动过程中的帮助,刺激旅游者的消费,从而促使旅游经济发展。当为旅游者提供帮助的国民数达到一定程度,即可称之为"全民旅游"。

1.培养全审美意识

审美和追求预约,这在学术界是公认的旅游的本质。旅游活动既能满足人们基础的消费和生存需求,还可以提高人们的艺术修养和精神面貌。审美意识是国民素养的镜子,只有对景区、景点、景观充分了解,才能知道如何正确欣赏,而只有真正懂得了如何欣赏,才能获得全方位的审美感受。审美意识是参与旅游活动的前提和保障,所以在全域旅游时代,社会需要加强人民的审美意识,从小培养,潜移默化,让它成为人们的本能,让每个人都能够更好地为旅游的发展作出贡献。

2. 培养全民生态意识

培养全民生态意识是旅游业发展的必要因素，也是国家生态文明建设的重要指令和方针，还反映了人与自然的内在联系。过去粗犷的发展模式给生态环境造成了很大的破坏，伴随着生态意识的觉醒，人们越发觉得既要回归自然，更要保护生态，这种意识已经成为当下面对环境时的主流意识。当前，全民的自然环境保护意识亟待提高，这就需要发挥政府的号召和影响力，在生活点滴中渗透生态文明意识，营造良好的社会氛围；在法律层面需要颁布和强化一系列关于生态环境保护的法律法规，加强法制宣传教育，真正实现让生态意识深入民心。

3. 培养全民主人翁意识

要让费县的全域旅游不只是空谈，提高全民的主人翁意识非常重要。通俗而言，全民旅游意识就是旅游地居民的主人意识、服务意识和荣誉意识，让每一个当地人都认识到自己在这片土地上的责任和社会担当，既享受消费权利，又担负基本义务。对费县居民来讲，只有每个人都视自己为费县的主人，从血液里认可费县是自己的安身立命之所，认可费县的旅游业与自己的发展和荣誉息息相关，才能从根本上将整个费县旅游市场当作自己的事业来倍加呵护和珍惜。要想实现这种全民担当的局面，就需要制定有效的利益捆绑和奖励措施，这样才能对全民旅游意识形成推动力。

另外，居民素质是当地社会文明的镜子，作为费县旅游地的主人，需要摒弃常见的随地吐痰、乱丢垃圾等不文明行为，值得重视的是，在教育方面，要有意识地加强中小学生文明礼仪只是的熏陶，让他们养成良好的生活习惯和待人接物之道，从小培养居民的全民旅游意识。[1]

第二节　山东聊城市旅游扶贫开发模式

聊城市位于山东省的西部，西面与河北省相邻，南面与河南省接壤，地处华东、华中、华北三大区域的交界处。2018年聊城全市实现国民生产总值748.28亿元。

一、山东聊城市旅游扶贫开发存在的问题

（1）信息高度不完备，很容易造成"旅游飞地"的局势。所谓旅游飞地，

---

[1] 闻达. 全域旅游视角下费县旅游业发展研究 [D]. 成都：西南民族大学，2018：16-70.

意思是旅游和休闲虽然依托当地的土地和旅游资源,但其经济的带动作用与当地的经济发展关联很小,旅游者平时购买的产品及从事服务行业的中高层人员很多依赖于其他地区。开发初期,开发者尽快撤回投资的欲望非常大,想快速地追求经济利益。在此动机下,开发商不会实质性地考虑居民利益,很多城里人和非本地人蜂拥而至,他们占有了位置最佳的商业黄金地段,开起各种商店,而当地居民无法从旅游业发展中获取利益。

(2)旅游扶贫居民参与程度低。对于各个地区旅游业的发展,居民参与的热情度很高,但在实际操作中,受资金、能力等因素制约,真正参与其中的居民数量并不多,旅游扶贫人口受益也较少。有些地方的政府误将地方财政收入作为发展旅游业的首要目标,使得当地缺乏资金的贫困人口没有机会参与旅游开发,从而失去通过旅游脱贫的可能。

(3)资金投入不足。资金缺乏是制约欠发达地区开展旅游并发展经济的关键因素,想要解决这一问题,一方面要加强对政府投入的奠基作用和指引作用的认识,也就是由当地政府出面,利用各种媒介大力宣传旅游项目、旅游设施建设、旅游开发地的面貌等情况,吸引社会投资,加快资金注入。另一方面,当地政府还可给出一系列的投资优惠及方便政策,加以有针对性的规划并吸引大量资金积极注入旅游产业中,构建起多种方式的旅游投资机制。

二、山东聊城市旅游扶贫开发模式

(1)政府主导模式。旅游业关联度大、综合性强,旅游管理、旅游宣传、旅游形象的确立、旅游基础设施的建设等都离不开政府的指导与投入,聊城市发展旅游业过程中,在一段时间内仍需遵从以政府为主导的旅游开发模式,政府完善的一系列措施对于相对贫困地区的旅游业发展有着举足轻重的作用。然而,人们应当注意政府对旅游业的主导力度。政府在地区旅游业发展过程中应该主要扮演开拓者、规范者与协调者的角色,政府可以利用行政、经济甚至法律手段,为投资者提供良好的保障保护机制,以引领和指导当地旅游业健康、持续、稳定发展。

(2)非大众旅游扶贫模式。非大众型旅游是相对于大众型旅游而言的,它是一种可持续的、环保型的旅游形式,这种旅游一般是小规模的旅游形式,旅游者可直接住在当地居民家,并在居民家获取其他服务和设施,所以当地政府可直接控制旅游发展程度,这样能让更多的旅游者有接触当地居民的机会,进一步体验民风乡俗。乡村旅游就是典型的非大众旅游，较之大众旅游过分拥挤、严重的生态环境破坏等不足，对旅游者来说，非大众旅游是一种真正的社会体验和亲身经历，旅游者可以根据自身的时间、消费观念及消费能力自主决定自己的旅游和休息行程，同地游却"各不相同"，而备受旅游者喜欢的旅游方式。非大众旅游的客源市场大部分包括文化爱好者、环保主义者和自然体验者。此外，摄影爱好者、生物学爱好者、考古专家、人类学家、学生等专业或非专业人士，也是非大众旅游的目标客户。虽然这些群体的人员数量无法与大众旅游者相比较，但也是一个不容小觑的人群。这一小众人群极具独特性和代表性，他们的个性消费很可能会带动旅游业向着时尚和潮流的方向发展，所以，可以通过精心策划和地方方针的引导，在具备大量旅游资源及交通便利的聊城市尽量发展非大众旅游。

（3）旅游产品扶贫模式。据悉，聊城市针对东阿阿胶景区提出"游水城、泡温泉、做好汉、品阿胶"的口号，这一口号反映了聊城独有的旅游魅力。以宣传口号为基准，制定了一系列旅游产品组合，如"水浒金瓶梅场景体验二日游""江北水城，运河古都之两日游""运河美食体验游""温泉休闲体验游"，可以充分满足游客游赏、美食、购物、娱乐等各方面的需要。

通过开发旅游产品，首先可以促进有地方特色的资源或产品的转化，带动当地特色产业发展，使当地经济稳步增长，育化当地经济增长的新胚芽；其次可以创造更多的就业机会，扩大富民惠民范围，增加受益人群。

（4）造血型旅游扶贫模式，所谓"造血型模式"，指的是通过政府引导、市场运作的方式，利用与旅游业相关项目的开发，来促进本地旅游业及其相关产业的发展，简单地把旅游业作为当地的主导产业而忽视与其相关产业的发展，会导致这些地区经济结构单一，经济生态脆弱。一旦在其相关的领域出现情况，旅游业就会受到重创，继而会导致相对贫困地区的经济发生停滞或倒退现象，扶贫、脱贫问题也就无法解决。所以，如果想让旅游扶贫发挥出最佳的社会经济效益，最为关键的是培育当地的相关产业链，使得旅游业与相关产业共同发展，互相促进，进而达到可持续发展的目的。[①]

[①] 朱林珍，张爱国，胡炜霞.旅游扶贫开发模式研究——以山东聊城市为例[J].山西师范大学学报（自然科学版），2017，31（02）：125-128

第三节 山东寿光市旅游资源非优区旅游扶贫模式

寿光市位于山东半岛中北部，地处渤海莱州湾以南，有 30 公里长的海岸线，占地面积 2072 平方公里，包括 1 个双王城生态经济园区和 14 个镇街道，有 108.5 万人口。

寿光具有非常悠久的历史，汉字鼻祖仓颉在此处创造出象形文字；贾思勰也在此处出生，他著有农学巨著《齐民要术》；夙沙氏在此地首创煮海为盐技术，因此可以说，寿光是著名的三圣即文圣（仓颉）、农圣（贾思勰）和盐圣（夙沙氏）的诞生之地。千年的文化经济发展，为寿光综合实力的提升奠定了基础，经济社会实现全面协调可持续发展。全市上下紧紧围绕"深入推进产业强市，加快建设品质寿光"目标，抓转调、抓创新、抓民生，各项工作都取得了明显成绩。

一、寿光市旅游资源的非优性分析

受历史条件和地理位置的影响，寿光市的旅游产业一直未有大的突破，从旅游资源层面来说，制约其旅游产业发展的因素即旅游资源的非优性主要包括以下几点：

（1）原生性旅游资源较为缺乏。寿光历史悠久、县域面积相对较为广阔，文保单位众多。但是却没有一处 A 级原生性历史文物、民族文化、人文古迹为主的旅游景区。寿光市唯一的原生性知名旅游资源为主的景区是寿光巨淀湖景区，仅为寿光 A 级旅游景区总数量的九分之一。原生性旅游资源的缺乏对于旅游产业发展的初期影响巨大，制约了其进一步的发展。

（2）旅游资源同质性高。现在，寿光市有 1 处省级旅游度假区，1 处省级生态旅游示范区，9 处国家 A 级旅游景区，10 家星际酒店以及 143 家文物保护单位，3 处国家级农业旅游示范区、7 处省工农业旅游示范点等，由此可见，寿光市的旅游资源非常丰富，但是缺乏骨干的旅游景区，没有具有巨大影响力的世界或者国家级旅游景区，有枝无干现象非常突出。

此外，寿光市旅游资源以农业园区旅游主要特色，但是农业旅游景区重复建设严重。仅就寿光 9 处 A 级景区而论，农业旅游景区就占了 6 处，5 个 4A 级景区中就有 4 个是农业园区，同质性现象非常突出。并且与山东省内其他地区相比，其旅游资源也不具备独特的垄断性，吸引力不足。

寿光市旅游资源以农业园区旅游为主要特色，但是农业旅游景区重复建设严重。仅就寿光9处A级景区而论，有6处属于农业旅游景区，5处4A级景区有80%是农业园区，同质性现象非常突出。相较于山东省内的其他地区，其旅游资源也不具备独特的垄断性，吸引力不足。

（3）旅游资源不集中组合不合理。寿光的旅游资源的分散分布也是造成其非优性的主要因素之一。寿光的9处A级旅游资源分散在全市6处镇（街道、经济园区），覆盖面积占全市的一般以上。例如，寿光市三元朱特色旅游村在寿光市的最南部，而羊口航海博物馆则在寿光的最北端，两地相距近100公里，旅游资源不够集中，造成了游览者游览难度的增加。

除此之外，寿光市没有合理的旅游资源结构和组合。虽然寿光蔬菜高科技示范园、寿光滨河城市湿地公园、寿光中华牡丹园以及寿光生态农业观光园等都分布在寿光市区周边，但这几处景区都属于农业园区或者以农业旅游为主要内容的景区，单一性、同一性的特点使得游览的观赏性降低，旅游资源的效益得不到充分发挥。

（4）旅游资源的阴影或屏蔽现象明显。根据寿光市旅游资源调查数据可以清楚看到，作为一个县级区域，寿光的旅游资源属于较为丰富的，数量也比较多。但是，在寿光的周边县市区中，却有数量较多高等级的旅游资源，两处4A级景区——临朐县沂山风景区和青州古城景区，以及1处5A级预备景区东营市黄河口生态旅游区，4A级景区则更多。这就构成了高等级旅游资源光环下的阴影区或者屏蔽效应。

二、寿光市旅游非优区扶贫的可行性与思路

寿光市通过旅游产业来带动扶贫攻坚的必要性主要是由寿光贫困现状、环境承载力以及目前扶贫工作出现的问题与旅游产业的优势决定的。从寿光贫困现状来看，寿光目前共有10个贫困村3326名贫困人口，贫困发生率仅为0.3%，且分布在全市十个乡镇，每个镇区仅一个贫困村，贫困成点状分布。从环境承载能力看，寿光市处于渤海莱州湾畔，受海水南侵困扰，存在大量的类碱化土地，环境承载力差。从目前扶贫工作的问题看，存在不重视造血帮扶、选择的扶贫产业带动能力差、贫困人口对扶贫开发的参与度低等问题。而旅游产业的优势则恰好能够弥补这些问题。众所周知，旅游产业对环境的破坏小、对人员就业要求较低，

并且旅游产业可大可小、可繁可简，能够有效提高贫困人口的参与度，提高贫困人口素质以及带动农村本地的传统产业发展。旅游产业的这些优势使得在寿光本地进行扶贫开发具有了很强的针对性。综上可以看出，寿光进行旅游扶贫开发是非常必要的。

（一）寿光市旅游非优区扶贫开发的可行性

寿光旅游产业的发展在潍坊市排名靠后，这与其地区生产总值长期处于潍坊市县域经济发展第一名的地位极不相符。以旅游资源非优区的原理来看，这一地区也不是没有开发价值，但是还需要从条件上进行优化和完善，才能使得其旅游资源开发更有价值和意义。以下几个方面也是寿光市资源非优区旅游开发需要注重的地方：

（1）地区经济背景。寿光市地区经济发展较好，这也是开发旅游产品和旅游项目的重要经济前提。立足于旅游资源非优区的发展理论，其旅游产品在开发初期限于旅游产品的知名度等方面的原因主要由本地客源消费，即旅游接待区与旅游客源区重合。因此，本地区经济的发展水平是使其同时具备了客源地市场与旅游开发能力两方面的优势。

（2）交通发展迅速。国家发改委批复《环渤海地区山东城际轨道交通网规划》，山东地区交通迅速发展，各地融合日趋加强，寿光市位于山东半岛的地理上的中点，交通优势日益显现。当前，在寿光市范围内在公路方面有济青高速、荣乌高速以及在建的潍日高速三条高速公路；在铁路方面有胶济铁路、胶济客专以及在建的济青高铁等三条铁路；在航空方面，寿光处于山东半岛的中部距离青岛流亭机场与济南遥墙机场均在170公里左右，有机场大巴直通寿光，两地均可在三小时以内实现双向到达。此外，山东省人民政府批复《寿光市城市总体规划（2015—2030年）》规划，并不断地完善城乡区域统筹和基层设施建设，加强交通规划和统一管理，保证交通枢纽的健全和完善。建立城市轨道交通，满足以公共交通主体，结合多层次和多类型的城市交通系统的交通条件。

（3）区位优势正在加强。国务院批复同意《环渤海地区发展纲要》，要求加快环渤海地区的区域整合以及与京津冀经济圈的对接，是国家重大区域战略规划的重要组成部分，而潍坊市是环渤海的重要节点城市，寿光则属于潍坊市的经济高地，其发展前景非常乐观。寿光市的地理位置可以说是得天独厚，位于三区即黄河三角洲高效生态经济区、胶东半岛高效产业集聚区和山东半岛蓝色经济区的重合位置，经济社会发展的区位优势越来越明显。

（4）旅游潜力急需释放。当一个地区的人均国民生产总值超过800美元时，该地区就会产生旅游需求。而当前寿光市的经济发展水平远高于这一数值。与之相对应的是寿光的旅游产业发展并不突出，在潍坊市处于靠后的位置。

综上所述，寿光旅游需求也为其资源非优区进行突变奠定了基础，对于资源非优区扶贫开发的补偿也是有力的，是可以在该区域进行旅游开发并能够产生较好经济效益的。再结合寿光市扶贫开发的要求和目前扶贫开发存在的一些问题，本书认为在寿光市进行旅游扶贫开发具有相应的必要性和可行性。

（二）寿光市旅游非优区扶贫开发的思路

（1）总体来看，要充分利用寿光市的后发优势，将旅游产业的发展定位为高起点。对旅游产品的开发和产业体系的构建要体现出一定的创新力，并确保旅游产业的可持续发展，对具有较大市场吸引力的旅游项目进行重点关注和建设；对市场空间进行拓展，而拓展的主要目标可以放在周边旅游市场和国内市场上；创新体制，根据本地的旅游产业特征和实际情况，采取多种多样的、灵活适用的旅游投资融资体制；要对南北地区的差异进行重点关注，开发策略才能更加具有针对性和适用性。

（2）寿光市目前的旅游产业不管是从资源规模还是从资源品味上来说都不具备良好的优势，若是采取常规的方法进行开发，只针对现有的资源地脉和文脉进行旅游业发展，将不利于激发其市场吸引力和旅游活力。所以在旅游产品开发过程中，要超越地理位置和历史脉络来进行开发，从而更好地满足市场需求，填补市场空白。以现有的资源情况来看，应该重点针对寿光市的生态和休闲资源进行特色旅游产品开发，从而拓展周边旅游市场的需求。

（3）在发展旅游产业时，应该先确定好建设项目，再利用项目拉动市场需求，这也是寿光市旅游产业发展的一个新尝试。目前，这种新尝试还不具备较好的经济效益和社会效益，还需要提高旅游产业资源的开发水平，优化各种旅游要素的配置。因此，平均用力的策略是无法满足这一发展战略要求的。要在有限资本投入的前提下先进行重要旅游配套设施的开发，带动市场需求后，再进行其他相关要素的促进，这样才能有效地拉动寿光市的旅游产业发展。

（4）要在原有投融资方法的经验下进行创新，提供充足的资金以确保产业发展需要。资金将对旅游开发产生直接的制约作用，因此有效的投融资机制的建立也是不可忽视的,其将影响旅游开发项目能否顺利进行。所以在投融资方面,寿光市要利用一切机会和方法进行资本吸纳,可以尝试进行地区试点、分离资源所有权、经营权和行政权等方式来促进旅游产业的发展。

三、寿光市旅游非优区扶贫开发的原则和模式

（一）寿光市旅游非优区扶贫开发的原则

（1）因地制宜原则。旅游扶贫,顾名思义,是要建立在旅游开发上的,其以旅游资源的禀赋特征作为开发前提,对于进行旅游扶贫开发的地区来讲,其基本的旅游资源条件是千差万别的,旅游开发的影响因素,如地区经济条件、区位、交通、旅游客源地市场、游客认知度也不尽相同。因此,旅游开发必须符合当地实际,按照实际情况做出科学合理的规划,开发适合的旅游产品,只有这样才能保证产出经济效益,保证旅游开发的可持续性。

（2）贫困人口的参与原则。参与是保障贫困人口受益的根本途径,参与的程度与对旅游扶贫开发的影响程度成正比。因此,贫困人口的参与原则体现在两个角度:一是贫困人口应该全部参与。对于旅游扶贫来讲,如果不能保证贫困人口的全部参与,而仅仅是贫困人口中"优秀者"参加进来,其本质还是没有完全认清旅游扶贫与旅游开发带动贫困人口减少的区别。最终也无法达到使所有贫困人口脱贫的要求;二是贫困人口应该全过程参与。参与不是仅仅保证贫困人口获利,还应该在旅游扶贫开发的决策、管理、实施等各个层面参与进来。

（3）资源深度利用原则。限于旅游资源的客观禀赋状态,与资源优势区采取的简单的、粗放型的开发就能吸引游客并获得较高旅游收入的地区相比,深入地开发和利用旅游资源是发展资源非优区旅游产业的必要措施。并挖掘旅游资源的潜力,并对旅游资源进行深度开发利用,可以避免资源浪费也有利于实现该地区旅游的可持续进行。

（4）适度开发原则。旅游产业的适度开发与旅游资源的深度利用并不矛盾,相反二者是相辅相成的。适度开发主要是根据对旅游发展的一般规律的把握以及旅游潜力释放需要一个过程来决定的。旅游产业如果开发太快肯定会造成一些旅游资源的浪费,同时,很有可能产生不出精致合适的旅游产品,造成旅游地品牌的极大破坏。旅游潜力与旅游观念的成熟度有关,这种转化也需要时间。适度开发主要是对最有可能吸引游客、最容易生产旅游产品的点作为切入点,通过深度

开发产生知名度和聚集效应，随着旅游开发进程的深入，逐渐降低对传统旅游资源的依赖度，从而实现资源非优区旅游产业的腾飞。

（二）寿光市旅游非优区扶贫开发的模式

通过对寿光旅游资源现状的分析可以知道，旅游资源过于分散，重复度高，品质不高、缺乏吸引力等都使得旅游资源不具备优质性。为此，寿光市因地制宜、科学规划、合理适度开发，再结合本地贫困的特点，有针对性地提出三种旅游扶贫模式。

（1）景区带动（景区+贫困村+农户）模式。寿光市9处A级旅游景区分散分布在全市6处乡镇（街道、经济园区），这一特征也是旅游资源非优性的主要原因，但是也正因为分散分布使得有更多的贫困村可以利用景区带动经济发展。贫困户可以从事旅游观光产业的辅助产业，比如民居、餐饮等。通过景区带来的客源增加贫困户的收入，实现旅游脱贫。

（2）自主开发（合作社+农户）模式。寿光的贫困程度较低，贫困发生率低使得以村为单位的自主旅游开发能够满足扶贫的要求。村组织通过建立旅游业发展合作社，村民自愿入股，贫困人口可以通过承包地入股的形式全部加入其中，开发适合本村的农家乐或者渔家乐形式的旅游扶贫方式。随着游客旅游观念的更新，传统的环境资源不会完全制约旅游产业的发展，可以利用多种形式的旅游产业，如农家乐等进行旅游资源非优区的开发，既减少了外界投资对本村发展的干预，又不会造成该地区的生态环境被破坏。

（3）政府主导模式。资源非优区旅游扶贫产业的发展受到当地经济条件的影响。因为资源非优区不具备较优化的旅游资源，造成其客源地与旅游接受地重合，地区的经济发展既为本地提供旅游的物质基础和需求基础，又使得政府有能力进行旅游开发。根据精准扶贫的要求和上级部门因人施策的指示精神，对于贫困村既缺乏资金又缺乏有能力的带头创业人才的情况，可以采用以政府主宰、主财、主干或者引进能人带领贫困户进行旅游扶贫的模式。随着该地区扶贫开发的深入，政府的宣传和监管作用的重要性也越来越突出，政府还应该加强旅游专业人才的培养和教育，在旅游产业中发挥协调和规范作用。①

---

① 张东东. 山东环渤海旅游资源非优区旅游扶贫模式研究[D]. 贵阳：贵州师范大学，2017：16-50.

第四节　山东农村社区乡村旅游的精准扶贫路径

一、乡村旅游精准扶贫的人群识别

精准识别乡村旅游扶贫对象也是乡村旅游精准扶贫项目的直接目标，换句话说就是精准地寻找贫困地区和贫困人口，从而将扶贫工作落实到位。

山东乡村旅游精准扶贫人群主要集中在具备开发乡村旅游的国家级旅游扶贫村、省级旅游扶贫村以及各地市的旅游扶贫村。这些扶贫村的贫困人员会直接或者间接从乡村旅游的发展中受益，实现脱贫致富。例如，山东的沂水县东头镇桃棵子村成立旅游合作社积极发展乡村旅游，引导"第一类乡村旅游扶贫人口"中愿意参与旅游的贫困户参与乡村旅游的开发和经营，帮助其脱贫致富。"第二类乡村旅游深入扶贫人口"中不愿参与乡村旅游的外出务工和赋闲在家的，则通过村干部的积极引导，使其参与乡村旅游的发展。"第二类乡村旅游深入扶贫人口"中丧失劳动能力的老、弱、病、残，则通过多种形式从乡村旅游的发展中收益脱贫。例如，把贫困户的房屋、土地、树木等资源也折股量化到合作社，定期分红；建立相应的贫困人口档案，将旅游扶贫试点资金合理地分配到户，推动贫困人口参与到旅游产业发展中，使得贫困人口可以真正享受旅游收益；依托乡村旅游收入，村里成立了扶弱助老基金会，对村里的老弱病残进行生活上的帮扶。

总而言之，精准识别乡村旅游扶贫人群，尽可能地发挥旅游的综合带动作用，才能真正将扶贫致富工作落实到位。[①]

二、乡村旅游精准扶贫的模式选择

现在，山东乡村旅游精准扶贫主要采用了以下几种方式：

（1）旅游景区带动模式。旅游景区带动模式主要依托一定旅游景区，通过旅游景区的发展吸纳周边贫困村的农户参与就业，增加收入，实现脱贫致富。例如，淄博市淄川区潭溪山景区、沂南县常山庄村沂蒙红色影视基地等。

（2）自主开发旅游模式。以村的名义推动建立旅游合作社和旅游开发公司，带动乡村旅游产业的发展，引导贫困户参与旅游开发，实现脱贫致富。

（3）与外来公司共享共建的模式。外来公司投资开发乡村旅游，并将贫困

---
① 王晓伟，戈大专. 山东省旅游扶贫村发展困境与路径分析——以典型案例村为例[J]. 农业现代化研究，2019，40（5）：728-735.

村民的房屋、土地等各项资源折股量化，使贫困户在公司占有股份，通过分红以及就业的途径实现脱贫致富。例如，济南章丘区垛庄镇十八盘村、枣庄葫芦套村。

（4）创客创业驱动模式。在旅游产业发展中，积极发挥创新思维和创新意识的作用，加强引入乡村旅游创客，带动提高贫困村的经济效益，创造更多的就业岗位和就业机会，增加贫困家庭收入。

（5）社区整体搬迁的模式。在条件允许和政策帮扶下，建设新型居住社区，将贫困村整体搬迁，完善安置区设施配套，实现居住环境的改善，同时利用贫困村的相关资源，开发建设乡村旅游点，发展乡村旅游，吸纳贫困村民参与旅游就业，保障经济收入，实现脱贫致富，如沂南县竹泉村等。①

三、乡村旅游精准扶贫的策略推进

（一）创新乡村旅游，打造脱贫标杆

1. 创新乡村旅游

首先，从旅游者角度出发，为旅游产品和旅游项目注入新的创意，强化游客的旅游体验，为游客提供更加优势的出行、住宿和饮食条件，增加旅游者的愉悦度。例如，打造乡村大地艺术景观、稻草人景观、乡村果蔬资源景观等。注重乡村建筑的土味与新味创新结合，提升村落颜值。

其次，拓宽乡村旅游业态，实现乡村旅游产业与其他产业的深度融合，打造全新的"6+N"立体化传统要素，将养生、健身等理念融入乡村旅游中，为乡村旅游创新提供优化的条件。提升乡村农业和其他产业的融合度，为乡村旅游产业的发展提供更多的机遇。

最后，乡村旅游突破传统农家乐，逐步向休闲、观光、度假复合型转变。随着个性休闲时代来临，乡村旅游线路逐步走向精致化、创意化发展阶段。多维度创新提升和优化乡村旅游业态，为乡村休闲旅游产业升级换代创造条件，让农业产业链和价值链得到拓展和延续。

2. 打造脱贫标杆

打造脱贫标杆，注重脱贫引导。乡村旅游的开发和经营并不一定能够得到困难群众的认可，很多人持观望的态度，认为参与乡村旅游不一定能脱贫致富，如果经营不好会让家庭的经济情况更差。因此，乡村旅游精准扶贫还要打造旅游脱

---

① 何琼峰，宁志中.旅游精准扶贫助推贫困地区乡村振兴的思考[J].农业现代化研究，2019，40（5）：721-727.

贫标杆，通过脱贫标杆的引导示范作用，为广大贫困群众提供更多参与乡村旅游开发和经营的途径和方法。①

（二）关注扶贫政策，注重综合带动

（1）关注扶贫政策，寻求扶贫项目。当前，中华人民共和国国务院、中华人民共和国文化和旅游部、中华人民共和国国家发展和改革委员会、中华人民共和国自然资源部等部门陆续发布或联合发布了一系列的政策，覆盖到休闲农业、田园综合体、乡村旅游等多方面，支持和保障乡村旅游扶贫工作顺利进行。关注扶贫政策，寻求帮扶项目也是乡村旅游精准扶贫工作推进的一项重要策略。各地市乡村旅游点应该积极申报各级旅游扶贫村，确保各级旅游扶贫资金到位，为旅游扶贫村的基础设施提供资金支持，争取市旅游发展委员会联合市财政局给予项目补贴。

（2）注重综合带动，扩展扶贫空间。农村地区贫困群众参与乡村旅游的方式有很多种。例如，贫困群众可以在乡村旅游景点就业，开办农家乐，或者将自己的房屋土地入股乡村旅游开发公司获取分红等方式实现脱贫致富。与此同时，开展乡村旅游精准扶贫工作需要利用"乡村旅游+"，拓展乡村旅游精准扶贫空间。可以利用乡村旅游发展来促进旅游商品和特色品牌的销售，因此在发展乡村旅游的过程中可以进一步发挥旅游商品在帮助贫困户脱贫致富方面的作用。②

四、乡村旅游精准扶贫的措施保障

（1）组建旅游扶贫部门，完善扶贫管理体系。应该组建各个层面的乡村旅游扶贫领导小组，由旅游部门、扶贫办、国土资源部门、农委、交通等部门作为成员单位，共同负责和推进乡村旅游精准扶贫工作，共同协调解决乡村旅游精准扶贫过程中遇到的涉及政策性、全局性的问题。

与此同时，乡村旅游精准扶贫工作的有效开展和明显成效的取得还要相应的组织管理机构以及一套完整的扶贫管理体系，包括贫困人口信息管理系统和扶贫资金使用管理系统，实现对贫困人口的精准化管理和扶贫资金使用到位。

（2）配套旅游扶贫资金，加大金融资金帮扶。乡村旅游的开发和经营需要一定的资金投入，对于有意向参与乡村旅游的贫困户而言启动资金是其解决的首

---

① 徐莉，马阳，孙艳. 旅游扶贫背景下民族社区治理的多元权力结构探究 [J]. 西南民族大学学报（人文社科版），2018，39（10）：198-202.
② 杨宏伟. 乡村旅游精准扶贫的瓶颈制约与破解研究 [J]. 农业经济，2019（11）：80-81.

要问题。因此，一方面应通过政府的财政资金向乡村旅游点配套相应的旅游扶贫资金；另一方面，充分发挥农业银行、农村信用联社等金融机构的融资平台作用，以推出面向农户的"富民农户贷"等多种方式，为推进乡村旅游扶贫工作提供资金保障。

（3）完善旅游配套设施，改善乡村旅游环境。其一要和交通部门充分协调，展开合作，为乡村旅游的交通条件提供便利，使得村村通公路，公路到户等政策落实到位；其二是改造乡村的厨房和厕所，这也需要政府提供一定的专项资金支持；其三是完善和优化乡村旅游的咨询服务体系，加强乡村旅游咨询中心建设。而且要加大乡村旅游扶贫工作的力度，为乡村旅游扶贫工作的顺利进行奠定基础。

（4）加大培训帮扶力度，注重提升服务水平：其一是要重视乡村旅游扶贫中的培训和教育工作，吸纳一定的专业人才来支持乡村旅游扶贫项目的开展。培训师和专业旅游人员能够到基层去，针对贫困人群开展旅游技能培训和教育工作，让乡村旅游产业的经营管理水平和服务水平都能得到质的提升。其二是要做好乡村旅游带头人的培训和教育工作。其三是要针对乡村旅游扶贫人口做好一对一的帮扶工作，充分发挥旅游协会、旅游企业、旅游院校的行业管理能力、企业经营管理能力、旅游研究能力，帮助乡村旅游贫困户进行乡村旅游经营工作，促进乡村旅游贫困户脱贫致富。①

---

① 刘迎华. 山东农村社区乡村旅游的精准扶贫路径研究 [J]. 山东农业工程学院学报，2018，35（09）：60-65.

第五章　乡村振兴战略背景下山东旅游扶贫实践探究（二）

在山东旅游扶贫实践中，其目的在于改变贫困地区落后的现状，使得贫困人口的经济利益达到最大。本章重点探讨山东枣庄旅游精准扶贫路径、山东烟台旅游创新发展、山东济宁精准扶贫策略实施以及山东泰安旅游扶贫创新模式。

第一节　山东枣庄旅游精准扶贫路径

中国共产党的十九大的召开，宣告了中国特色社会主义进入新时代。十九大报告首次提出实施乡村振兴新战略，是农村战略的系统总结和升华。在乡村振兴背景下的社会主义新农村建设当中，乡村旅游以其特有的产业特征和功能，在脱贫攻坚战当中肩负着新的使命。乡村振兴战略要依托脱贫攻坚战的胜利来保障，这也是实现乡村振兴战略的决定性因素。在党的领导下，脱贫攻坚工作在过去六年里取得了重要的突破。

乡村旅游扶贫，本质上是产业扶贫。随着乡村扶贫工作的开展，旅游扶贫对于地区经济发展及贫困人口脱贫的促进作用日益显现。旅游精准扶贫的核心是旅游资源，目标是脱贫致富，在这个过程中，贫困群众是主要的参与人员，他们的参与尤为重要，精准扶贫能够帮助贫困人口脱离贫困，又有利于区域的全面发展。

深化旅游扶持，调整农村产业规划，以此来增加农民和农村的收入，促进城市和农村之间的交流和互动，帮助改善农村的基础建设和精神风貌。在乡村振兴战略中，旅游扶贫是一项具有促进作用的举措，与"生活富裕、生态文明、乡村发展、产业发达、治理得当"这一根本目标相契合。旅游精准扶贫已经成为乡村振兴中的一项重要战略举措。

一、枣庄市旅游精准扶贫的现状

枣庄地处山东省南部，东依沂蒙山，西濒微山湖，南接徐州，北临孔孟之乡济宁。枣庄辖市中区、薛城区、峄城区、山亭区、台儿庄区、滕州市。枣庄市旅游资源类型多种多样，匹配组合好；以红色文化、运河文化为主线的历史、文化旅游资源积淀深厚；山水、温泉、农林等自然风光丰富。拥有台儿庄古城、台儿庄大战纪念馆、抱犊崮国家森林公园青檀寺、微山湖风景区、冠世榴园、熊耳山国家地质公园、汉诺庄园、龟山旅游风景区、莲青山生态旅游区、墨子纪念馆、铁道游击队纪念园、滕州汉画像石馆等20多个国内外著名旅游景点，旅游资源非常的丰富。枣庄市旅游资源分布特点鲜明，旅游资源丰富的地点和贫困地区具有较大的重合性。

当前，枣庄市在旅游开发和旅游扶贫项目上投入大量的资金，抓住被列为省级乡村旅游示范市和全域旅游示范区的机遇，把发展全域乡村旅游作为全省"三个特色扶贫产业"和枣庄市"六大增收脱贫工程"的重中之重，采用"政府引导、典型引路、融合发展"的旅游扶贫理念，通过"扶贫资金折股型""公司带动型""合作社引领型"等旅游扶贫模式，建设乡村旅游扶贫项目49个，带动贫困户1682户，3028人增收，乡村面貌得到很大改观，农民生活质量大大提升。当前，枣庄市旅游精准扶贫的现状具体如下：

1. 成立扶贫小组

为促进旅游精准扶贫产业提升和民生改善共进、共赢，枣庄市成立了旅游扶贫工作领导小组，明确规划发展科为旅游扶贫专门科室，并安排专业化素养的人员来承担旅游扶贫实施工作。开展"第一书记"帮扶村和党员结对帮户工作，多名党员干部多次深入帮包村贫困户中调研，分析致贫原因，按照扶贫方案开展一对一帮扶工作。

2. 创新扶贫方式

枣庄市突出"民俗"等新型乡村旅游业态建设，鼓励贫困村庄、贫困群众积极投身到活动中，建立"公司带动型""扶贫资金折股型""合作社引领型"等多种旅游扶贫新模式，这三个模式使当局找到三条脱贫的道路，分别是旅游接待收入脱贫、入股分红脱贫和提供就业岗位脱贫。

"公司带动型"以葫芦套村为代表，上海极亚旅游公司投资2000万元，建造葫芦乐园、水街酒店和精品民宿，通过分红、务工等方式，贫困户人均增收6000余元。另外，台儿庄区邳庄镇涛沟河旅游发展有限公司投资开发沧浪庙水乡民宿项目，统一整修民房，让贫困户成为乡村旅游的参与者、受益者。

"扶贫资金折股型"的典型是石嘴子村,这是一个由柜族部落发展起来的旅游乡村,山里人家旅游发展公司是其代理公司,承担着 100 万元扶贫资金的运作,80 万的资金折算成股份分给村里的贫困户,20 万元是村里的集体股份,以这种方式来帮助贫困户实现脱贫。

"合作社引领型"的典型是湖沟村和双山涧村,这两个村都成立了旅游合作社,通过鼓励贫困户建立农家乐和民宿租赁,帮助 170 户贫困户获得就业机会。滕州市湿地渔村养殖专业合作社入股资金 30 万元发展乡村旅游,带动 78 户共 93 名贫困户参与,每年拿出 36000 元,采取"四三三"分配模式,其中 40% 平均分配给 71 户、82 名低保和五保贫困户,每人每年可领取约 175 元;30% 用于 7 户、11 名一般贫困户,每人每年可领取约 980 元;30% 用作合作社公用基金。

3. 产业融合发展提高整体效益

(1)将旅游精准扶贫与民间资本投入相结合。引入山东银光、青岛欧亚、天津鲁华、乾景旅游发展有限公司等一批企业,采用连片开发的模式,建立旅游扶贫示范基地和乡村旅游特色村。例如,山亭区山城街道兴隆庄村,利用青岛欧亚集团投资的 8.6 亿元,开发翼云石头部落景区,80 余户村民搬进了别墅,带动 300 余名农民就业,户均增收 3 万元。

(2)旅游精准扶贫与"三区"建设相融合。依托枣庄市国家农村改革试验区、现代农业示范区建设和国家农业可持续发展示范区,引导龙头企业、农民专业合作社托管以及流转贫困户的承包地、果树、宅院等资源,打造"旅游+特色农业"生态复合型产业发展模式。

(3)旅游扶贫与转移就业相融合。利用扶贫小额贷款,资助贫困农民在景区承包娱乐设施、经营土特产商铺等,引导贫困劳动力到旅游基地转移就业和创业,促进农民从第一产业向第三产业转移。此外,山亭区白龙崮生态休闲旅游专业合作社、山亭区龙山食用菌种植专业合作社以及枣庄大酒店等涉旅企业,为贫困村户提供 135 个就业岗位。

(4)旅游扶贫与美丽乡村建设相融合。按照"统一规划、分步实施、集中建设、示范带动"的思路,建设一批环境优美、特色鲜明的生态景观村落。①

---

① 吴元芳,刘洪鹏. 枣庄文化旅游[M]. 济南:山东省地图出版社,2011.

二、枣庄市旅游精准扶贫存在问题

旅游扶贫的最终目标是帮助贫困群众实现脱贫，让贫困人口参与到社会主义新农村建设当中，让贫困人口受益农村经济发展的成果。旅游帮助农村贫困群众实现脱贫的方式主要有以下几种：售卖农产品、持有股份、经营乡村旅游活动、参与接待服务等。枣庄市旅游扶贫工作虽然取得了一定的成效，但仍然存在一些问题，影响和制约了精准扶贫、科学扶贫、持续扶贫的开展。例如，少数旅游项目还有进一步改善的空间，贫困群众在当地的旅游发展中没有存在感和参与感；对资源的开发不够合理，没有从贫困群众的需求出发开展扶贫项目的招商及其他工作；产业定位不够准确，贫困村资源小而散，缺乏有吸引力的亮点，带动能力不强，旅游项目同质化严重，特点不突出；贫困人口在旅游发展过程，并未给予区别对待，真正贫困人群参与度不高等。造成当前旅游精准扶贫中这些问题产生的原因主要有以下几个方面。

（一）难以保障贫困人群利益诉求

旅游扶贫要解决的问题是怎么让贫困人口在项目中获得更多的利益，找到发展的立足点。贫困地区的经济发展缓慢，没有强大的财政支撑，当旅游精准扶贫的目标确立后，各个地区都有扶贫、脱贫任务，在一些景点或者景区开发过程中，相关的政府部门也会出台优惠政策帮忙招商引资，特别是吸引外资进入，实现原始资本积累，但是很多旅游项目并不能满足贫困群体的利益诉求。由于没有恰当引导贫困人口参与旅游开发，目前部分景区开发投资商与当地政府、属地群众关系难以协调，制约了旅游景区扩大再发展。

（二）贫困人群的参与能力不足

通过旅游精准扶贫使贫困人群脱贫致富是根本目标，旅游扶贫只是使用的手段，使贫困人群能够脱贫致富，才能够真正达到乡村振兴的目的。但是，贫困人群通常缺乏参与旅游发展所必需的能力，存在旅游参与的障碍，如经济基础差、物质资本缺乏、劳动者素质低、市场进入能力差、地点偏僻、自然资源的所有权和使用权受限等。由于较多的旅游项目都有外来资本的参与，外资具有独特的市场优势和资本优势，企业的管理人员和经营人员也多从外部聘用而来，当地群众，特别是贫困群众，无法确实参与到旅游景区的运营当中，当然也没办法从事本地旅游相关的职业。

枣庄市具备优美的自然景观和独具特色的红色旅游景点。随着旅游景点的大量开发和投资，餐饮、住宿、交通、商业等都得到了发展，加大了就业岗位的需求量。但是当地群众能够从事的工作无非是安保、服务和保洁等岗位，这些岗位的贫困群众少之又少。另外，贫困地区的青年劳动力基本上都会选择外出打工，这就造成了技术人员的缺乏，影响当地旅游产业基础建设能力，从而造成贫困人群参与到旅游扶贫项目当中的数量较少。

（三）贫困人群的参与意识薄弱

在旅游扶贫项目中，具备劳动能力，并且有意愿参与旅游扶持项目的才是精准的人群，枣庄市绝大部分的贫困人群都是一些老年人，他们不能参与到旅游扶贫当中，更没办法胜任旅游扶贫相关工作岗位的要求。

而且由于旅游扶贫要求较高，旅游从业不仅需要具备一定的素养、管理能力，而且需要一定的经济基础。但是旅游业中的收入却有一定的不稳定性和风险性，本身扶贫地区的旅游是初步开展，并不能马上达到很好的经济效益，使一部分具备劳动能力的贫困人群降低了参与意识。

三、枣庄市旅游精准扶贫的参与路径

旅游扶贫项目具有特殊性，这种特殊性体现在它消除或减少了贫困人口参与项目的阻碍，为他们找到了正确的道路，帮助他们找到了适合自身发展的岗位，使他们既能成为乡村旅游发展的参与者，又能成为乡村旅游发展成果的受益者。结合枣庄市旅游精准扶贫发展现状采取以下多管齐下的方式，拓宽贫困人群的参与路径。

（一）扩大贫困人群的话语权及知情权

贫困人群受教育程度和民主意识的限制，贫困人群在政府主导的扶贫项目中没有或缺乏话语权，无法参与到旅游扶贫项目决策过程中，很难保证扶贫项目制定准确性、政策执行透明性、具体工作的有效性。扶贫项目应当因地制宜，充分考虑当地发展情况，契合当地特色。首先，需要充分地吸收贫困人群的意见，了解他们的需求和困难，选取广大贫困人群喜闻乐见的旅游扶贫项目。从贫困人群的意见建议中获取智慧，从政策制定的源头调动广大贫困人群的主动性、创造性、积极性。其次，旅游扶贫过程中，务必确保国家政策和地区旅游扶贫政策及信息都能够及时准确地传达给各个参与人群，尤其是贫困人群。无论是基层群众、村镇干部、还是贫困人群，只有了解到全面的信息并完全理解之后，才能够对项目进行充分参与、讨论、监督。

（二）提高贫困人群参与能力

推进乡村振兴战略系统工程，抓好"人"是关键，人才匮乏也是旅游扶贫很重要的限制因素之一，贫困人群受限于教育水平，无法直接参与到旅游扶贫项目的开发和管理，旅游精准扶贫最重要的是要加大对贫困人群的旅游管理能力的培训，提高他们的素质和水平，使他们具备参与旅游项目的能力。实践证明，对贫困人群进行旅游专业技术培训、职业培训、管理能力培训等，对提高贫困人群的参与度具有很好的作用。

真正提高旅游扶贫的参与度，无论是政府部门，还是社会公众，尤其是贫困人群，具备一定的参与能力是必要的，这种能力不仅仅是单纯的技术，还要涵盖对政策的理解能力、决策能力，以及必要的交际能力和组织能力。通过基础教育和相关培训来锻炼提高广大贫困人群的能力，不单单是专业技术能力培训，还要有公关能力、管理能力及相关礼仪的培训。在扶贫过程中不仅要增加发展性的旅游开发投入，更要加强贫困人群中旅游专业人才的培养，让贫困人群达到旅游从业人员的水平，解决旅游扶贫人才缺乏的问题，让贫困人口不离乡不离土，就能够转换身份成为乡村旅游扶贫的参与者。

（三）实现对贫困人群的精准识别和帮扶

旅游扶贫项目的第一要务是准确识别贫困人群，通过精准扶贫的方式来识别和帮助贫困人群，不能按照以前"大水漫灌"的形式来开展扶贫工作，而要考虑贫困人群个人和家庭的特殊性，因人制宜，一户一策，进行精确帮扶，根据贫困人群的特点，选取合适的参与方式，使扶贫和旅游产业有机结合。

通过了解他们的需求进行精确帮扶，不仅可以依靠政府资金的扶持，也可以通过小额的信贷业务，给予他们所需要的资金。通过贷款的动态激励，更容易使贫困人群全力投入到旅游扶贫项目中来，不但能够提高贫困人群的职业发展能力，还能够帮助实现旅游扶贫项目中的可持续发展和长久脱贫目标。[①]

（四）整合扶贫资金和制定长效规划

扶贫工作是一个长期而艰苦的工作，只有整合各部分的扶贫资源，把以文化和旅游局、扶贫办为主导的开发式旅游扶贫和以民政局为主导的农村低保工作进行有机结合，既能让贫困人群利用本身所拥有的资源积极参与到旅游扶贫项目中，

[①] 常嘉佳，陶维．精准扶贫背景下旅游扶贫研究综述[J]．中国商论，2017（17）：37-38.

又能够让贫困人群有一个最低的收益保障。在新的扶贫战略中,应该将各类扶贫资金或建设资金进行捆绑,统筹规划。首先,提高贫困人群的生产生活条件,提高贫困人群自我发展能力。其次,给贫困人群最低生活保障,使贫困人群能够全身心投入旅游扶贫项目当中。

(五)有效利用非物质文化遗产

枣庄市拥有非常丰富的非物质文化遗产资源。现在,枣庄市的国家级非物质文化遗产项目和省级非物质文化遗产项目分别有 2 项和 26 项。在长远的历史进程中,戏剧、民间传说、鼓吹乐等民间文化在枣庄得到了很好的发展、传承和保护,这些都是优秀的旅游资源来源,是具有大运河文化特色的文化资源。

但在目前,由于未好好开发利用,非物质文化遗产资源分布分散,面临失传。其中一些传承人生活困难,本身属于贫困人口。通过非物质文化遗产和旅游扶贫结合,是一举多得的好办法。枣庄市物产丰富,特色美食、鲁南特产和鲁南民俗产品等都可转化为颇具特色的旅游产品。通过开发一些特色旅游产品,不仅能够促进旅游发展,还能够拓宽贫困人群的参与就业渠道。而且依托非物质文化遗产的开发,利用旅游扶贫来展现地区文化的魅力和风采,能够更好塑造"乡村文明"形象。[①]

第二节　山东烟台旅游创新发展

烟台市,山东省地级市,地处山东半岛东北部,东连威海,西接潍坊、青岛,南邻黄海,北濒渤海,与辽东半岛对峙,与大连隔海相望。烟台全市土地面积 13745.95 平方千米,海岸线长 909 千米,濒临渤海、黄海,有岛屿 63 个。辖芝罘区、莱山区、福山区、牟平区、开发区、高新区、金山港区、昆嵛山自然保护区、长岛县,以及龙口、莱阳、莱州、蓬莱、招远、栖霞、海阳 7 个县级市。

烟台地处环渤海经济圈,是山东半岛南岛的重要城市,中国首批开放的 14 个沿海城市就包括烟台。烟台被誉为"中国海滨城市",是亚洲唯一的国际葡萄酒城、是"一带一路"国家战略重点建设的港口城市。烟台具有悠久的历史、文明的城市,和威海同为中国"雪窝"。结合烟台乡村旅游的自然风光游、特色文

---

① 刘腾,石岩.乡村振兴之旅游精准扶贫路径探析——以枣庄市为例[J].枣庄学院学报,2018,35(06):95-100.

化游等目标市场，实现经济效益、社会效益双赢的市场定位，烟台市乡村旅游应该从以下几个方面来落实创新发展。

一、壮大集体经济，促进高效发展

在发展农村集体经济方面，应该充分利用农村大量土地资源，让百姓土地入股，整合资源，适度开发，变废为宝。壮大集体经济，促进高效发展主要从以下方面展开。

（一）加强基层干部的领导能力

建立强有力的团队是发展农村集体经济的首要前提，努力建设一支坚持以人为本、抓好农村集体经济和基层党员干部的队伍，是为农村工作奠定基础的重要敲门砖。所以，要持续加强建设领导班子，努力提高村干部素质，学习借鉴先进做法，自上而下开展村镇干部培训，以支部书记和村委主任为学习小组组长，带动全村党员和技术员制订每周学习计划，按规定执行，形成全村学习风气，以加强自身素养和专业知识为目的，以提升农村集体经济发展能力为动力，提高村干部带领群众致富的能力，提高村民发展自家产业的能力，建设一支知识武装、能力较强和品质高端的农村领导团队、农村技术团队。

（二）开展党组织合作社

促成集体经济发芽生根最重要的是加强企业、党支部、村民之间的合作，开展党组织领办合作社。实现三者的合作模式，由村党支部担当"管理者"角色，负责协调村民与企业之间的关系，从中起到过渡的作用，代表百姓利益，也站在村集体发展的大局上出谋划策。由企业承当"经营者"职责，通过本身的技术和经验，对集体项目进行专业化的经营和大量的资金投入，从中实现市场收益。村民是其中的参与者也是大股东，全程对村党支部和企业合作社的经营起到监督职能，村民是对村里实际情况最为了解的人，可以在集体经济中是劳动者、服务者提供相应的劳动力，也可以是监督者、受益者收获集体经济带来的巨大收益。

将党支部、企业和农民三者结合在一起，重要的是应该重视农民在三者中的位置，绝对不能出现企业占有土地后对百姓抛之不顾的情况，村党支部作为企业和村民之间的润滑剂，起到了链接作用，应该处理好二者之间的关系。企业应该注重盈利的同时，为百姓创造更多的福利，如项目分红、医疗救助、教育帮扶、民生工程等，促成与百姓的长久关系。村民应该明确合作的重要性，为企业和党支部的工作提供便利，有力出力，利用合作机遇实现再就业，找到自身价值。只有三者真正实现合作，才能为乡村旅游的集体经济模式提供一个共赢的发展大环境，凝聚智慧，做好惠民利民的农村发展事业。

（三）实现收益的服务公益性

集体经济的收益应该服务公益，才能使集体经济更为长远地发展下去，才能实现法治和德治相结合，才能获得村民的持久支持和积极参与，所以壮大集体经济的同时，不能忽视村集体的基础设施建设和村里百姓的生活起居，尤其是对村里贫困人口的帮扶。

首先，帮助百姓创造更多渠道，享受产业分红和提供力所能及的服务都是比较合情合理的方式；其次，土地流转和劳动就业上适当地优先考虑部分贫困村民，通过签订劳动合同，建立健全贫困人口扶贫机制，稳定长效地推行下去，防止返贫现象的发生，引导贫困人群克服依靠别人的思想漏洞，通过自身努力把自己带离贫困苦海；最后，成立村公益基金，规定受益的某一比例用于村集体建设，解决基层群众难以出行、难以上学、难以得到医疗救助、难以就业等实际问题，有效增强群众的幸福感、信任感。

二、加强生态保护，实现绿色发展

生态环境保护是旅游资源开发和利用的先天优势，是实现绿色长远发展的重要物资，只有保护好资源和环境，才能使旅游和环境资源得以永久循环使用下去。加强生态保护，实现绿色发展，需要注意以下方面。

（一）做好项目和环境规划

在规划和设计期间，乡村旅游项目会在一定程度上受到环境的影响，这需要提前进行规划。发展乡村旅游要根据旅游资源的生态环境承载能力限制游客承载能力和生态承受能力，此外，还需要对开发商加以评估和约束，看其是否具备开发能力和治理能力，引导开发商责任意识和对景区资源的保护意识，以确定他们是否具备开发和经营的能力和权利。在项目建设之前，有必要科学地研究一下周边的生态环境，全面分析如何创造资源利用率的最大化，掌握各分区环境容量、接待设施的数量和种类，依照现实情况编制环境管理和保护规划，应用科学的手段和方法进行评估，确保旅游开发活动不会对生态环境及周围居民的生活带来不良影响，真正做到客观评估、科学规划、严格执行，确保旅游区的管理和配套在科学的基础上执行落实。

（二）提升预防和治理的力度

大力倡导和开展生态旅游，以预防为主体，以治理为补充。在运营开始前，各种旅游企业，包括景区、餐馆、饭店等在旅游业的发展中，严禁破坏自然景观的做法，禁止使用大型机械乱搭乱建，所有建设行为必须符合法律规定且无害于环境资源；在运营过程中，改善景区道路系统，旅游交通主要依靠步行和特殊环保车辆，监控访客流量，实行限行、分流等措施，同时进行及时的垃圾清理和环境维护，避免垃圾堆积造成污染；在运营结束后，景区应积极引进先进的节能减排技术，控制旅游和生活垃圾的污染，改变燃烧煤炭和木材的方式，用沼气、电力取而代之，并尽可能使用当地生产的绿色产品；卫生工作应由专人管理和承担，生活垃圾应统一收集处理，制定严格的监督机制和合法的惩戒措施，预防环境破坏行为的发生，防患于未然。

总之，坚持以预防为主，以治理为辅，在已经被破坏的地区加强治理，防止二次污染和破坏，及时制止不良后果的蔓延，在保护较好的地区加强维护和保持，达到更优状态。

（三）落实宣传及监管职责

生态环境保护不仅仅是文化和旅游局或景区的职责，也是包括当地居民、旅游者在内的全社会的共同责任，动员社会力量，确立开发者、管理者、使用者及当地居民共同参与的环境保护机制，加强对他们的旅游资源保护与生态建设意识。通过景区公众号、景区宣传册、景区工作人员说教、地图、标识、路端展示等方式，在景区范围内大力倡导游客在旅游过程中减少垃圾制造、植被踩踏等不当行为。在全市范围内通过环境教育、科普活动、媒体宣传等多种方式广泛宣传生态保护区建设的目的和意义，从思想上让全民重视，减少人为活动对生态环境造成不良影响。完善生态监管体系，建立统一协调的生态保护和联合执法机制，加大对旅游资源生态保护的执法力度，用法律的武器来保卫家园。

三、发扬特色文化，提倡传承发展

烟台旅游资源丰富、特色鲜明，通过树立正确的创新观念、培养创新营销思维，利用创新的营销方式吸引烟台城市游客群，着重提升市场认知度，不断扩大旅游市场，提高游客消费水平，巩固烟台乡村旅游的特色优势，提升美誉度，针对烟台市民推出引导和鼓励乡村旅游的优惠政策和推进措施，打造满意度最高的品质乡村旅游，形成属于当地自己的特色乡村游，实现"乡村旅游+特色文化"的创新模式。发扬特色文化，提倡传承发展需要注意以下方面。

（一）明确自身特色

乡村旅游的模式发展应该以自身生态景区资源为基础，以民俗文化来包装自己，提高自身价值和吸引力，逐步实现从单一观光旅游到休闲度假、生态、农业、民俗等旅游产品的转变，这要求乡村旅游形成自己的特殊之处，从而获得游客的认同感和满意度。

首先，农村生活和城市生活是截然不同的，让游客亲自参与制作食品和礼品的设计，以体现游客自身的价值，也能显示出其自身的乐趣；其次，要深入挖掘乡村风景、农产品和当地民俗风情等旅游产品的特征，加强创新，发掘区域文化深层次内涵，打造独一无二的旅游特色文化，吸引游客兴趣，提高区域不同文化的包容性，增强自身的竞争力；最后，满足游客对当地特有的历史知识渴求，通过文化的传承来扩大吸引力，不断强化深藏文化底蕴的形象，激发来者的新鲜感，让乡村旅游良好形象在大众印象里根深蒂固。

（二）推广自身特色

在有了自身特色的基础上，要懂得将特别之处推广出去，才能真正受益其中。

（1）其营销应该从一个特色主题出发，根据当地情况，创造一个特有的场景，之后规划一些连锁的具有自己特色的推广活动。

（2）需要特别关注当地的资源保障和文化理念，不断创新乡村旅游产品的推广理念、手段和方法，营造独特而稳定的旅游形象，扩大景点的影响力和特色的知名度，让特色优势成为营销的重中之重，与众不同才会吸引眼球。

（3）加强各村镇、各县市区之间的协作共赢，创造互帮互助、共赢共存的良好局面，有条件的景点可以与村庄和有关部门相结合，整合该地区的资源和零散景点，开展综合营销，如餐饮和住宿一条龙服务。同时与当地旅游企业建立良好的合作关系，增强旅游产品的优势，减少旅游产品的同质化，形成良好的全域旅游新形态。

总之，特色文化是乡村旅游的一个重要优势，红色文化游可以传承爱国主义情怀，古老建筑游可以传递历史文明的蕴涵，黄金小镇可以成为招远的代表名片，渔家乐可以成为长岛的经济支撑，这些都是应该推广和发扬的品牌形象，创新发展离不开特色支撑,特色文化值得被无限创新。

四、吸纳优秀人才,保证高品质发展

乡村旅游的发展需要一支本领优、技术强、文化高的管理层、技术员和劳动服务者,加强人才输入和输出、培养创新型和专业型人才是发展高品质乡村旅游的重中之重,是不可忽视的核心问题。

吸纳创新型人才,注重培养年轻力量来到基层、来到农村,为乡村旅游、农村发展注入新鲜血液和创新思维,才能实现长远发展。培养技术型人才,注重当地有基本技能的百姓,给他们一技之长和一个就业的机会,可以让百姓自给自足,在共同富裕奔小康的道路上越走越快、越走越好,实现"乡村旅游+人才战略"的创新模式。吸纳优秀人才,保证高品质发展需要注意以下方面。

(一)加强政府的引导及管理

正确的政府管理和引导,可以为吸纳人才打开政策的大门,指引一条正规的人才道路。

首先,政府要高度重视各类人才的专项培养,严格规范用人标准和行业标准,确保乡村旅游人员能够实现专业化发展;其次,应加强思想教育方面的提升,重点培养村民的观念、旅游知识和专业技能,在正规部门的倡导下村民能够在思想上意识到知识的重要性,并且可以付诸实践;最后,政府要着重加强对村干部尤其是村党支部书记的高度培养,为乡村培养出优秀的带头人和全面发展的当家人,以榜样的力量带动群众,形成一个学习型乡村,创造出一个学习型乡村旅游,这样才能在优胜劣汰中不断进步。

(二)注意同院校合作

首先,在发展浪潮中,文化水平强、专业技能细、思想意识高的专业人才严重短缺,大学毕业生便是能够达到高要求的这样一个群体,烟台拥有众多综合性大学,具有较好的师资力量和较多的毕业大学生。所以要在政策上给予扶持,不断吸纳新鲜力量,吸收高校毕业生来到农村,进行专业化、高标准的研究探索,让有志成为基层工作者的大学生更好地融入农村经济和社会民生。同时,与相关技术学院(如烟台职业学院、烟台技术学院等)达成合作意向,针对当地乡村旅游的发展方向,培养专业技术员,让学历不高但拥有理论技术基础的学生去农村进行历练和实践。

其次，通过派遣村镇原有的技术人员回归学校进行二次深造，可以在节约扩招成本的基础上提高原有从业人员的本领，经济条件较好的村可以由村集体出资学习成本，经济条件薄弱的村可协商个人分担成本，让理论指导实践，让体验真正有效，通过内外部双管齐下共同为乡村旅游培养更多的人才。①

第三节　山东济宁精准扶贫策略实施的研究

一、优化济宁区域社会环境

（一）保持济宁经济高速发展

从发展经济学的角度出发，经济增长不一定代表经济得到了发展，经济发展和经济增长是有本质区别的。经济增长是人均 GDP 水平的提高，经济发展则需要个人、家庭等生活和福利水平都全面提高。工业化进程是经济增长的主要来源，社会负责政策是经济发展的主要体现。

但是，经济发展以经济增长为前提，经济增长并不说明经济得到了发展，有可能出现增长与发展相背离的情况，而社会的经济发展与精准扶贫之间有着千丝万缕的联系。

按照以往的经验来看，针对特定区域的区域性开发，容易忽略这一区域的边缘人口，这些人当中大部分属于贫困人口，因而区域性开发并不能照顾到每一个贫困家庭的具体情况，也不能体现出每一个贫困地区的特殊经济发展规律。精准扶贫是惠及贫困地区每一个人的国家级工程，因此，有必要保持济宁经济的高速发展。

对于扶贫开发工作的开展，应强化各级扶贫组织的职能，加大他们手中的权力，给予扶贫组织相对较大的空间来开展本地的扶贫工作，对于社会发展建设中涉及贫困群众切身利益的措施安排都应及时与相应的扶贫单位进行沟通，积极听取他们的意愿，认真思考他们给予的建议，并根据他们的意愿建议制定相应的应对措施。只要是涉及贫困地区的扶贫措施也可以通过当地的各级扶贫渠道贯彻实施。

---

① 郭晓丹. 乡村振兴战略背景下烟台乡村旅游创新发展研究 [D]. 烟台：烟台大学，2019：12-36.

各级政府与相应的扶贫单位加强协调沟通，化解不必要的矛盾冲突，相互协调促进社会经济建设。具体而言，可以通过以工代补的方式，将当地社会发展中的一些土木工程分包给贫困地区的群众。政府可以不仅在资金和项目建设上要倾向符合条件的贫困地区，也可以把更多的项目扶持政策有针对性地倾向贫困地区。

（二）推进济宁社会福利

随着社会的进步和经济的发展，农村城市化的进程不断加快，人口老龄化和家庭小型化的现象也在日益突出，这也使得社会福利服务的供给严重不足，与人民群众急剧增长的需求之间的矛盾日益严重。

无论从养老、医疗、教育等方面来说，推进社会福利化能给社会各方面带来很多好处。相关部门可以考虑从社会福利化入手，确保济宁良好的社会环境。

二、完善济宁市精准扶贫策略

（1）深化干部驻村帮扶政策。济宁市实施干部驻村联户帮扶政策时间较长，多次受到表彰推广。这一政策取得的成绩斐然，各级工作部门、驻村帮扶的干部协调资金数亿元，用于当地的脱贫致富工作。在当前的社会环境下，应当继续深化干部驻村联户帮扶政策，特别是在资金、人员保障上，应当保持持续性。

（2）积极推进各方共同精准扶贫，具体如下：

第一，实施企业帮村行动。民主建国会市委员会、市工商联合会充分发挥经济界的优势，通过产业扶贫、商贸扶贫、就业扶贫等多种方式，加快贫困村脱贫进程。市工商联启动开展"百企帮百村"行动。

第二，实施教育扶贫行动。在原有基础上创新各类捐资助学活动，帮助农村家庭困难中小学生顺利完成学业。鼓励支持农村贫困大学生创新创业，选取优秀项目进行资金扶持。

第三，实施科技扶贫行动。组织开展各类科技下乡活动，通过提供技术指导、信息服务等多种形式，帮助贫困地区发展一批特色产业。

第四，实施医疗扶贫行动。开展医疗卫生结对帮扶，促进贫困地区医疗卫生事业发展。

第五，实施助老扶贫行动。动员统一战线各团体、各界人士在农村贫困地区创办或资助养老机构，参与爱心养老事业。

第六，实施捐赠扶贫行动。鼓励动员统一战线广大成员和统战干部自觉参与脱贫攻坚，实施爱心捐赠，定点联系帮扶农村贫困家庭。

（3）探索精准扶贫法制化新途径，具体内容如下：

第一，加快精准扶贫立法工作。精准扶贫是一项关系民生问题的重要工程，是帮助农村贫困群众摆脱生活困境，增加经济收入，脱贫摘帽的最新政策，需要明确的法律规章来表明精准扶贫的重要性和地位，为精准扶贫工作的开展实施提供法律保障。《全面推进依法治国若干重大问题的决定》中明确指出"加快保障和改善民生、推进社会治理体制创新法律制度建设。依法加强和规范公共服务，完善教育、就业、收入分配、社会保障、扶贫、慈善、社会救助和妇女儿童、老年人、残疾人合法权益保护等方面的法律法规"。

第二，健全精准扶贫监督体制。相关部门可以利用政府行政监督与社会监督相结合，形成合力，发挥更大的监督效应，推进精准扶贫工作向更好的方向迈进。

第三。引导规范贫困群众。相关部门可以加大对贫困群体中的法制宣传力度，让贫困群体了解法律法规对于扶贫工作的界定和程序等。对于那些本身拥有劳动能力，却不思进取依靠政府接济的贫困人口，可以激发他们自身建设的积极性，消除对政府的依赖性。[①]

第四节　山东泰安旅游扶贫创新模式研究

一、泰安创新旅游扶贫模式

坚持旅游脱贫精准到户到人，探索乡村旅游脱贫模式，切实提高贫困户和贫困人口的参与程度和收益水平。根据自身乡村旅游资源较为丰富和环境较好的特点，坚持乡村旅游扶贫资源集体所有、村民共享。

帮助贫困户建立农家乐，不但能够让他们享受到乡村旅游带来的优惠政策，还能够实现危房改造、生态搬迁、宅基地保护、新村建设等农信新貌建设。银行也出台了相关的无息、低息和减息政策。如果旅游景区是企业开发的，政府还会给予一定扶持，将扶贫的责任分配到企业中。企业要按照政府的要求优先录用贫困户、优先收购贫困户的农副产品等，相关的门票收入等也要用来扶持和补贴贫困群众，履行政府分配的扶贫任务。泰安创新的扶贫模式具体如下：

---

① 徐百川.山东省济宁市精准扶贫政策实施的研究[D].哈尔滨：东北农业大学，2017：19-39.

（1）温泉旅游扶贫。泰安具有得天独厚的地热资源，这为发展温泉旅游提供了极大的便利。温泉旅游也是当今人们最喜爱的旅游项目之一。温泉旅游扶贫的方法也比较明显，比如温泉的非管理类工作可以交由当地的贫困居民，在当地招贤纳士负责管理类的工作，旺季门票收入给予当地劳动者适当提成等。这些措施不仅可以解决部分贫困家庭的收入问题，而且当地人极其熟悉和了解当地的环境和生活方式，旅游景点中若有当地居民的活动就会使旅游景点更具地方特色，一举两得。

（2）文化旅游扶贫。泰安具有一定的旅游文化资源，这为发展文化旅游奠定了基础。文化旅游扶贫可以从当地的老人做起，让老辈们与游客进行面对面的交流，听听老辈人说过去的故事，这样既满足了游客品味文化的需要，又能解决一部分贫困家庭的经济来源问题，还可以让优秀的人物故事、优秀的传统文化通过游客进行传播。

（3）遗址保护扶贫。泰安也保留了许多历史文化遗址。这些珍贵的历史文化遗址可以交给当地居民来管理和保护，让当地居民从管理和保护中受益。当然，管理者也需要一定的文化素养与能力，所以前期需要投入一部分资源来对当地居民进行教育和培训。

（4）民风旅游扶贫。泰安具有地方特色浓郁、民风淳朴、热情好客等特点，很多游客都希望在游览时可以近距离地、切实地感受当地人的生活方式，当地居民就可以从这方面入手，请游客进家门，教游客一些简单易学的传统工艺，或者搭建小舞台，歌唱当地的民歌民谣、表演人物故事等，都可以获取经济收入。

旅游扶贫是一个大的趋势，但是在实际情况中又很复杂，泰安的旅游扶贫模式要针对当地的具体情况，不只是针对泰安市，任何一个可以实行旅游扶贫的地方都要实事求是，才能达到预期的效果。

二、泰安创新旅游扶贫的具体对策

（1）建立用好精准扶贫大数据平台。根据贫困村、贫困户、贫困人口分布情况和特别需求；梳理村资源和人力优势，以及招商项目等基本信息，建立扶贫对象分布、扶贫措施到户到人、脱贫进度一目了然的"旅游脱贫大数据库平台"，对纳入旅游精准扶贫贫困户、贫困人口动态管理，使其成为信息汇集、政策发布、供需对接、调度监督、成效评估等功能于一体的旅游脱贫指挥系统，推动精准旅游扶贫。

（2）进行科学规划。将乡村旅游扶贫作为一项区域全面发展的系统性工程来规划。明确主题，乡村旅游扶贫应该坚持丰富文化内涵、突出区域特色、培育品牌精品的基本策略，全力打造能够吸引人群关注的以文化、生态、绿色、健康等关键词为主题的扶贫品牌。注重规划的可操作性、严肃性。

（3）主题明确。推出乡村旅游"春赏花、夏避暑、秋采实"以及"冬赏雪"等各类四季旅游线路，开辟自驾、摄影等特色线路，打造独具泰安特色的徂徕村乡村旅游节庆节目和具有山区特色的农业休闲观光带和观光园区，开展农林、农牧、农渔为主的特色体验游。

（4）鼓励股份制、合作制等乡村旅游扶贫形式。鼓励和支持村民以各种形式进行投资合作。房屋、宅基地，包括土地承包使用权、资金、技术等资源都可以进行投资或者合作，可以采取股份制、合作制等形式，对于"公司＋农户"以及"合作社＋农户"等扶贫开发方式进行创新。

（5）走专业合作化道路，提升乡村旅游产品质量。成立村旅游扶贫专业合作社，通过"合作社＋示范户"的模式，进行统一管理，对于旅游产品进行包装，实行标识标牌、星级评定、客源分配等统一的规范运行管理。

（6）强化从业人员培训。切实转变贫困农民的思想观念，发挥主观能动性，提高素质能力，作为实施旅游精准扶贫的关键点。加大对发展乡村旅游的贫困村开展就业技能培训力度，重点围绕旅游理念、旅游知识、服务技能、文明礼仪等内容。每年组织贫困村乡村旅游带头人到省内外观摩学习，开阔眼界，激发斗志。实施乡村旅游创客行动，建立乡村旅游创客基地，支持和组织引导旅游志愿者、科技工作者"送智下乡"，进村入户现场帮教指导，提高服务接待水平。

引导农民克服畏难情绪和依赖思想，大胆创业、兴办农家乐、开办特产超市等，从事旅游接待，实现"一人一岗"。在引进资本对扶贫村投资开发时，充分听取农民意见，让他们参与经营管理和服务，成为旅游脱贫的管理主体、决策主体、利益分配主体，同时通过辛勤付出，成为劳动致富的主体。

（7）加大基础设施建设力度。对存在基础设施破旧、老化、不健全的现象，要进行整改。

（8）加大扶贫保障力度。可以利用相关民生政策，如医疗保险、养老保险，还有低保、五保等政策。政府对丧失劳动能力的贫困户要投入更多精力，政府村庄、帮扶单位可以筹资帮助贫困户购买各类社会保障,这样可以使贫困户病有所医、老有所养。[①]

[①] 台雪,魏敏.泰安市旅游扶贫创新模式研究[J].中国市场,2018(28):176-177.

参考文献

一、著作类

[1] 昌晶亮. 创新乡村旅游扶贫及其模式探究 [M]. 北京：中国商业出版社，2019.

[2] 陈向群. 山东旅游文化 [M]. 济南：济南出版社，2005.

[3] 冯凌. 新时期旅游产业创新发展研究 [M]. 北京：旅游教育出版社，2011.

[4] 桂拉旦. 旅游·扶贫与乡村振兴研究 [M]. 北京：经济科学出版社，2019.

[5] 黄快林. 乡村振兴与旅游文化 [M]. 长春：东北师范大学出版社，2018.

[6] 梁留科. 乡村旅游扶贫理论与实践 [M]. 北京：科学出版社，2018.

[7] 刘汉成. 乡村振兴战略的理论与实践 [M]. 北京：中国经济出版社.2019.

[8] 罗敏. 新时期旅游产业发展与变革 [M]. 北京：北京工业大学出版社，2019.

[9] 吴元芳，刘洪鹏. 枣庄文化旅游 [M]. 济南：山东省地图出版社，2011.

[10] 徐先玲，李相状. 中国饮食文化 [M]. 北京：中国戏剧出版社，2005.

[11] 张旭. 山东文化旅游指南 [M]. 济南：黄河出版社，2007.

[12] 赵皇根，宋炼钢，陈韬，等. 振兴乡村旅游理论与实践 [M]. 徐州：中国矿业大学出版社，2018.

[13] 朱正昌. 齐鲁特色文化丛书·饮食 [M]. 济南：山东友谊出版社，2004.

二、期刊类

[1] 常嘉佳，陶维. 精准扶贫背景下旅游扶贫研究综述 [J]. 中国商论，2017（17）：37–38.

[2] 陈雪钧，李莉，付业勤. 基于价值链视域的旅游养老产业发展模式研究 [J]. 企业经济，2017（7）：105–110.

[3] 郭晓丹. 乡村振兴战略背景下烟台乡村旅游创新发展研究 [D]. 烟台：烟台大学，2019：12–36.

[4] 郭志敏. 扶贫背景下乡村旅游产业链优化发展的对策研究 [J]. 农业经济，2019（10）：50–51.

[5] 何琼峰，宁志中. 旅游精准扶贫助推贫困地区乡村振兴的思考[J]. 农业现代化研究，2019，40（5）：721-727.

[6] 黄凯丽. 景区依托型乡村旅游扶贫的路径探析[J]. 农业经济，2019（7）：70-71.

[7] 刘腾，石岩. 乡村振兴之旅游精准扶贫路径探析——以枣庄市为例[J]. 枣庄学院学报，2018，35（06）：95-100.

[8] 刘迎华. 山东农村社区乡村旅游的精准扶贫路径研究[J]. 山东农业工程学院学报，2018，35（09）：60-65.

[9] 刘迎华. 乡村振兴战略下山东乡村旅游提质增效路径研究[J]. 烟台职业学院学报，2018，24（04）：7-12.

[10] 罗文斌，孟贝，唐沛，等. 土地整理、旅游发展与农户生计的影响机理研究：一个乡村旅游发展的实证检验[J]. 旅游学刊，2019，34（11）：96-106.

[11] 石媚山. 乡村旅游精准扶贫的运行机制、困境和策略[J]. 农业经济，2019（5）：59-60.

[12] 舒小林. 新时期民族地区旅游引领产业群精准扶贫机制与政策研究[J]. 西南民族大学学报（人文社科版），2016，37（8）：130-136.

[13] 台雪，魏敏. 泰安市旅游扶贫创新模式研究[J]. 中国市场，2018（28）：176-177.

[14] 王超，蒋彬. 乡村振兴战略背景下农村精准扶贫创新生态系统研究[J]. 四川师范大学学报（社会科学版），2018，45（3）：5-15.

[15] 王晓伟，戈大专. 山东省旅游扶贫村发展困境与路径分析——以典型案例村为例[J]. 农业现代化研究，2019，40（5）：728-735.

[16] 闻达. 全域旅游视角下费县旅游业发展研究[D]. 成都：西南民族大学，2018：16-70.

[17] 向文梅. 乡村旅游扶贫精准化路径探讨[J]. 中国商论，2019（22）：81-82.

[18] 徐百川. 山东省济宁市精准扶贫政策实施的研究[D]. 哈尔滨：东北农业大学，2017：19-39.

[19] 徐莉，马阳，孙艳. 旅游扶贫背景下民族社区治理的多元权力结构探究[J]. 西南民族大学学报（人文社科版），2018，39（10）：198-202.

[20] 颜廷利. 新时期我国乡村旅游扶贫机制探讨[J]. 农业经济，2017（11）：33-35.

[21] 杨桂华，冯艳滨.乡村旅游精准扶贫要"管好"入驻企业[J].人民论坛，2019（23）：72-73.

[22] 杨宏伟.乡村旅游精准扶贫的瓶颈制约与破解研究[J].农业经济，2019，(11)：80-81.

[23] 张春友，陈秋华，刘森茂.农户参与乡村旅游扶贫适应性评价指标体系研究[J].林业经济问题，2019，39（6）：607-614.

[24] 张东东.山东环渤海旅游资源非优区旅游扶贫模式研究[D].贵阳：贵州师范大学，2017：16-50.

[25] 张伟波.乡村振兴战略下农村旅游扶贫探析[J].农业经济，2019（5）：41-43.

[26] 赵建春.山东传统文化与生态旅游耦合发展研究[J].安徽农业科学，2019，47（18）：132-134.

[27] 朱林珍，张爱国，胡炜霞.旅游扶贫开发模式研究——以山东聊城市为例[J].山西师范大学学报（自然科学版），2017，31（02）：125-128.